부자가 되기 위한 행동전략

간절히 원하면 이루어진다

부자가 되기 위한 행동전략

간절히 원하면 이루어진다

우에니시 아키라 지음 | 이정환 옮김

창작시대사

목표를 설정하고
목표를 이루기 위해 노력하는 사람은 뜻한대로
더욱 가난한 사람이 될 수도 있고,
억만 장자가 될 수도 있다.

잠재의식은 기름진 땅이며,
의식하는 마음은 씨앗과 같다.
좋은 씨앗에서는 좋은 열매가 열리고,
나쁜 씨앗에서는 나쁜 열매가 열린다.

ㅡ조셉 머피 박사

좋은 것을 생각하면 좋은 일이 일어나고
나쁜 것을 생각하면 나쁜 일이 일어난다

우리는 왜 이 부자들의 도시에서 서푼 돈에 우는가? 부자로 살지 못한다면 가난한 사람들의 최후의 보루로써 신이 마련한 행복이나 마음이 여유로운 삶이라도 누려야 하지 않는가? 가난과 결핍의 생활 속에서 여유와 웃음이 사라진 삶이라면, 우리가 경원해 마지않는 돈과 부자의 삶이라도 죽어라 쫓아가며 금권의 향락을 누려야 하지 않는가? 이도 저도, 가난도 부도 행복도 불행도 아닌 삶이라면 이 삶은 도대체 누구의 삶이란 말인가?

한 번쯤 우리는 가난과 부, 행복과 불행, 여유와 각박함을 비교하면서 이렇게 탄식해보거나 절망하기도 한다. 어느 것이라도 좋으니 제발 내가 딛고 일어설 수 있는, 믿을 수 있는 삶을 달라는 기도와 함께.

그러나 누구도 이에 대하여 선택을 해주거나 이 자유에서 기꺼이 도피하고 싶어 하지 않는다. 그러나 우리가 믿어 의심치 않고 경원하던 그 선택과 자유의 해답을 제시해주는 사람이 있다. 조셉 머피 박사가 바로 그 사람이다.

〈영화 보러 극장 가면 내 앞에서 매진되고/맘먹고 간 목욕탕 오늘은 쉽니다/멀쩡하던 일이 갑자기 꼬이고 꼬이던 일은 계속 더 꼬이지/개똥도 약에 쓰려면 없고 내 맘대로 되는 일도 없어〉

이 노랫말처럼, 그러나 머피의 법칙은 잘못 알려졌다. 단적으로 우리의 소망을 간절히 원하면 그대로 실현이 된다는 잠재의식의 힘을 강조했지만, 어째서인지 그의 성공법칙은 실패와 불운의 법칙으로 알려졌다. 심지어 이런 식으로까지 전도되어 버렸다.

〈만약 무엇이 잘못될 가능성이 있다면 잘못되기 마련이다/아무 것도 잘못될 것이 없어도 잘못된다/ … /어떤 것이 잘못될 것이 없어도 잘못되기 마련이다〉

이 책은 이와 같은 자조 섞인, 또는 허탈한 현상과 믿음에 대하여 말하려는 것이 아니다. 우리가 잘못 알고 있는 '머피의 법칙'의

진실은 다른 데에 있다. 우리가 간절히 원하고 노력하는 것은 기필코 이룰 수 있다는 것이 그것이다. 사회적으로 용인되었거나 권장되는 꿈이나 가치를 간절히 추구하고 성취를 위해서 부단히 노력하면, 우리의 잠재의식이 그것을 꼭 이루어준다. 즉, 이러한 가치나 꿈이 양심에 어긋나지 않는 것이라면 이것들이 잠재의식에 각인되어 언젠가는 성취된다는 것이 바로 머피가 말했던 법칙이자 진실이었다.

〈좋은 것을 생각하면 좋은 일이 일어나고 나쁜 것을 생각하면 나쁜 일이 일어난다/잠재의식에는 받아들인 것을 모조리 실현하고 마는 성질이 있다/잠재의식은 기름진 땅이며 의식하는 마음은 씨앗과 같다/좋은 씨앗에서는 좋은 열매가, 나쁜 씨앗에서는 나쁜 열매가 열린다/소망이 이루어졌다고 상상하면서 그때의 기분을 느꼈다면 잠재의식이 그것을 받아들인 것으로 생각해도 좋다/무엇을 믿고 있는 것만으로도 잠재의식은 기적을 만들어낸다〉

당신은 당신 자신을 선택할 수가 있고, 머피의 법칙은 '행복한 당신'을 선택하는 원리와 방법을 명확히 제시한다. 좋은 것을 생각하고 좋은 일이 일어나리라고 기대하는 마음에는 좋은 것을 끌어당기는, 자석의 자장처럼 어떤 파동이 작용하는 것이다. 좋은 것을 기대하는 마음으로 있으면 잠재의식은 결국 좋은 기회만을 잡도록 당신을 이끌어줄 것이다.

성공과 부에 관한 책은 많이 나와 있다. 어떤 책은 수단과 방법을 가리지 말고 절약을 하라거나 전략적인 투자를 하라는 노하우를 전수하고, 또 어떤 책은 어떻게 해서든지 엄청난 부나 성공을 거둔 사람들을 본받아서 그들처럼 해보라고 권하는 책들도 있다. 그렇지만 목적도 꿈도 없는데, 마냥 따라 하고 배워서 그 수단만을 취한다고 그 꿈과 목적이 성취될 수 있을까. 목적도 꿈도 없는데, 무엇을 이루고 무엇을 얻을 수 있단 말인가. 설령 그것들을 이룬다고 해도 그다음엔 무엇을 위해 살 것인가.

나는 이 책에서 정당한 성공과 행복 또는 자아실현을 위해서 금전운, 부와 돈이라는 수단을 어떻게 성취할 수 있는가에 관하여 이야기하고자 한다. 단순히 부와 돈을 얻기 위해서 인생의 가장 소중한 가치들을 저버리는 우를 범하지 않고, 오히려 그 수단과 목적이 서로를 배신하지 않는 합리적이고 정당한 성공과 부, 그리고 행복을 얻는 방법을 제시하고자 한다. 그래서 나는, 어떻게 해야 가난한 생활에서 벗어날 수 있는지, 그렇게 하려면 어떤 마음가짐으로 살아야 하는지, 어떻게 해야 금전운을 향상시킬 수 있는지에 대하여 주변의 실례를 섞어가면서 설명하였다. 또한, 금전운을 향상시킬 수 있는 기회는 사람이 매개체가 되어 발생하는 경우가 많기 때문에, 상대를 존중하고 그들에게 기쁨을 안겨주는 방법에 대해서도 많은 페이지를 할애했다.

한 권의 책이 인생을 바꾼다고 하지만, 어떤 사람들에게는 이처럼 맹랑한 말도 없을 것이다. 돈과 부, 행복과 성공의 지침에 관해서 쓴 수많은 책을 읽는 모든 사람이 성공의 대열에 끼는 것은 아니기 때문이다. 마찬가지로, 읽는 사람들의 마음가짐에 따라 이 책은 그야말로 부자들의 나침반과 성공의 열쇠가 될 수도 있지만, 허섭스레기나 독이 될 수도 있다. 그러니 모쪼록 이 책을 읽는 모든 사람이 머피의 지적처럼 성공할 수 있다는 믿음과 희망, 자기 최면과 선의를 가지고, 나침반만을 바라보지 말고 나침반의 바늘이 가리키는 곳을 향하여 때로는 황소처럼, 때로는 원숭이처럼, 때로는 사자처럼 나아가기를 바란다.

이 책을 읽은 분들이 모두 행복해질 수 있기를 진심으로 기원한다.

제2장
부와 성공을 부르는 황금의 법칙

제3장

진정한 부자가 되기 위한 긍정적 행동전략

제4장
성공한 부자로 만들어 주는 행운을 부르는 테크닉

마치면서

Misconceptions and actions that lead to poverty and failure

1

가난과 실패를
불러오는
잘못된 생각과 행동

도전할 수 없다고 생각하면 당신은 도전할 수 없고,
성공할 수 없다고 생각하면 성공하지 못하리라.
성공은 사람의 의지에서 비롯되는 법! 성공은 마음의 자세에 있다.
뛰어나려면 스스로 뛰어나다고 생각하고, 높이 오르려면 스스로 높이 생각하라.
성공을 위해서는 먼저 자신을 믿어야 한다.
인생의 싸움터에서 최후의 승자는 바로 할 수 있다고 믿는 사람이다.

- 월터 D. 윈틀

마음을 바꾸면 운명도 바뀐다

성공하거나 자리를 양보하되 변명하지 말라

요즘, 신문이나 방송에서 그리고 친구들에게서 자주 듣는 이야기가 있다.

"죽을힘을 다해서 회사에 충성했지만, 구조조정에 걸려 쫓겨나게 되었다. 나나 우리 가족 모두 앞으로 살아갈 일이 걱정이다."

"아무리 열심히 일을 해도 돈이 모이질 않는다. 이제 서푼 돈에 쫓기며 사는 것도 진력이 난다. 도대체 어떻게 하면 돈 좀 실컷 벌어 보나?"

"성공도 하고 부자도 되는 방법에 관한 책을 수없이 사서 읽고 거기에 쓰인 대로 해보았지만 아무런 소용이 없었다. 그런 책들은 모두 쓰레기 같다."

이제 이런 이야기는 어느 시대든 흔해졌을 정도다. 일본은 한때 GNP가 세계 최고라는 말을 들을 만큼 사람들이 풍요로운 삶을 누렸지만, 그래도 가난한 생활을 하는 사람이 많은 것이 현실이다. 그러나 한편으로는 유명 휴양지에 고급 별장을 소유하는 사람은 급증하고 있고, 수십억대의 초호화 맨션이 날개 돋친 듯 팔려나가는 것 또한 현실이다. 즉, 돈은 있어야 할 곳에는 있다. 금전운이 따라서 나름대로 유복한 생활을 살아가는 사람도 아주 많은 것이다.

그렇다면 도대체 금전운이 좋은 사람과 나쁜 사람, 그리고 돈이 꼬이는 사람과 돈을 좇아가는 사람의 차이는 어디에서 생기는 것일까?

잠시, 당신의 금전운을 체크할 수 있는 간단한 테스트를 해보자. 일상생활을 돌이켜보고 솔직하게 'Yes'나 'No'로 대답하면 된다. 'Yes'는 0점이고 'No'는 5점이다.

1) 나는 태어난 환경이 나쁘다고 생각한다.
2) 운이 없다고 여겨지거나 기분 나쁜 일이 있으면 바로 불평을 한다.
3) 회사에서 일하다가 실수하면 책임을 전가하는 경우가 있다.
4) '돈이 없다', '시시하다', '할 수 없다'라는 말을 자주 한다.
5) 다른 사람의 결점은 바로 비판하는 경향이 있다.

6) 부자를 보면 괜히 화가 난다.

7) 신혼부부를 보면 바로 질투를 느낀다.

8) 부자가 되지 않더라도 그럭저럭 생활할 수 있다면 그것으로 충분하다고 생각한다.

9) 자신의 결점이나 콤플렉스에 신경을 많이 쓰는 편이다.

10) 일이 순조롭게 진행되지 않으면 쉽게 포기하는 편이다.

11) 결심을 했다가 작심삼일로 끝난 적이 많다.

12) 도박을 좋아하는 편이다.

13) 현재 잘나가는 주식으로 큰돈을 벌고 싶다는 생각으로 주식 시세표를 자주 본다.

14) 나만 풍족하면 다른 사람은 어떻게 살든 상관없다.

15) 태연히 거짓말을 한다(다른 사람을 속이는 데에 그다지 죄책감을 느끼지 않는다).

16) 사소한 문제에 신경을 쓰거나 사물을 비판적으로 생각하는 경우가 많다.

17) 허영을 부리는 성격이다.

18) 기분파다.

19) 고맙다는 말을 별로 하지 않는 편이다.

20) 그다지 필요하지 않은 물건도 잘 사고 낭비가 심한 편이다.

어떤가?

체크 항목은 20개, 모두 Yes에 해당하는 사람은 0점, 모두 No에 해당하는 사람은 100점이다. 점수가 높으면 높을수록 금전운이 좋고 장래에 풍족한 생활을 할 가능성이 나름대로 높은 편이라고 생각하면 된다. 이와는 반대로, 점수가 낮으면 낮을수록 당신은 금전운이 별로 없다는 것이다. 그렇다면 어떻게 해야 이 점수를 높일 수 있을까?

한마디로 말한다면 당신의 마음을 긍정적이고 능동적으로 바꾸는 것이다.

성공하는 사람들의 생각과 실행법칙

당신의 운명은 당신의 마음먹기에 따라 결정된다. 마음이 바뀌면 운명도 바뀐다. 금전운도 마음을 바꾸면 분명히 좋아진다. 나는 성공할 수 있다는 것을 확신하라.

성공한 사람이 남다르듯
실패한 사람도 뭔가 다르다

성공에 대한 자신감이 없는 사람이 가난의 짐을 지고 있다

당신이 호주머니에 든 동전을 짤랑거리며 늘 내일을 걱정하는 사람이라면 분명 당신에게는 가난한 사람들에게 공통적으로 나타나는 특징이 있다.

사실, 자주 길을 잃어버리는 사람들의 원인을 분석해보면 그들은 늘 길을 잃지 않을까, 두려워하기 때문이라고 한다. 혹시 당신이 그런 사람은 아닌가? 부와 성공에 대한 자신감이 없는 사람들이 역시나 가난의 짐을 지고 있는 것이다.

"그렇다면 내가 부정적인 사고방식을 가지고 있다는 거야? 말도 안 돼. 나는 항상 긍정적으로 살고 있어. 늘 긍정적인 생각을 가지고 능동적으로 행동해 왔다고 자부해! 그런데 내 나름대로의 방법으로 성공할 수 있다는 긍정적인 사고방식을 늘 가지고 살아왔지만 상황이 좋아지기는커녕 오히려 악화만 되어 가고 있을 뿐이야."

혹시 이런 사람과 같이 생각하고 있다면, 당신은 긍정적인 사고의 의미를 잘못 알고 있는 것이다. 긍정적인 태도, 또는 마음가짐이란 긍정적이고 열린 마음으로 생각하고 행동하거나 좋은 일들만 생각하는 것을 가리키는 것은 아니다. 아무리 이런 태도를 가지고 있다고 해도 마음 한편으로는 다른 사람을 비난하거나 험담을 하는 등 부정적인 말을 입에 담는다면, 타인을 비난하고 증오하는 부정적인 생각이 자신의 잠재의식에 무의식적으로 입력되기 때문에 당신의 마음과 행동은 부정적인 방향으로 기울어질 수밖에 없는 것이다.

'성공할 수 있다, 또는 부자가 될 수 있다'는 긍정적인 생각과 태도로만 살아가는데도 별 실효를 거두지 못하는 사람들도 마찬가지이다. 긍정적인 생각을 하면서도 혹시 이런 생각을 하지는 않았는가?

"하지만 현실은 너무 냉엄해."

"부자가 된다는 것은 역시 내게는 무리야."

이런 경우에도 마찬가지로, 부정적인 태도와 생각이 다른 것보다 먼저 잠재의식에 입력되기 때문에 상황이 개선되지 않는 것이다. 아무리 이렇게 설명을 해도 부정적인 자신의 심리 상태를 깨닫고 이를 긍정적으로 바꾼다는 것은 쉬운 일이 아니다. 그리고 스스로는 긍정적으로 행동한다고 해도, 다른 사람의 입장에서 보면 당사자만 깨닫지 못하고 있는 부정적인 행동을 하는 경우도 허다하기 때문이다.

그렇다면 가난이 좋아하는 부정적인 마음은 어떤 상태를 가리키는 것일까? 이를 하루빨리 깨닫고 개선하려면 어떤 점에 주의하여야 할까?

지금부터 그 점을 분석해보기로 하자.

성공하는 사람들의 생각과 실행법칙

인간이란, 그 사람이 하루 종일 생각하는 사고의 집합체이며, 그 일생이란 것도 인생을 바라보는 관점이 반영된 결과일 뿐이다.

감사의 진실을 모르거나 너무 헤프게 감사한다

사람이 행운을 부르고 행운이 행운을 부르고 그 행운이 부를 부른다

부와 성공은 마음이 부자인 사람을 좇는다. 그러나 부와 행운이 길가에서 어쩌다 줍는 것이라고 생각하는 사람들은 감사하는 마음도 그렇게 주워서 집에 가둬놓거나 비굴하게 써버린다. 사람이 행운을 부르고 행운이 행운을 부르고 그 행운이 부를 부른다는 것을 사람들은 왜 한사코 부정하려는 것일까?

부도 성공도 사람이 몰고 오는 것들이다. 자신이 그것을 몰고 오고 내 주위에 있는 사람들이 그것을 몰아주는데 운이 좋지 않을 사람이 어디 있겠는가. 그런데 혹시 당신이 그런 운을 좇아버리고 있지는 않은가?

부자가 아니라도 자신과 사람들에게 감사하는 생활 속에 행복이 깃드는 것은 정한 이치라 생각한다.

실례를 하나 소개해보자.

나는 K라는 27세의 혈기왕성한 남성으로부터 이런 상담을 받은 적이 있었다.

"작년에 시내의 상가에서 스포츠마사지센터를 개업했는데, 환자들이 거의 없습니다. 너무 속상합니다. 수입보다 지출이 더 많은 상황이라서 이대로 가다가는 반년도 버티지 못할 것 같습니다. 혹시 좋은 방법이 없겠습니까?"

나는 경영컨설턴트가 아니라서 경영에 관한 세부적인 충고는 할 수 없다는 점을 우선 설명하고 양해를 구한 다음에 그의 이야기를 귀담아 들었다. 그리고 그의 말을 듣는 동안에 그 이유를 알 수 있었다.

그의 스포츠마사지센터가 제대로 운영되지 않는 이유는 상가에 동종 업소가 있기 때문도 아니고 가격이 비싸기 때문도 아니었다. 다만, 상가의 사람들이나 환자들에 대한 감사의 마음이 부족한 것이 원인이었다.

예를 들어, 그는 상가에서 음식점이나 야채가게를 운영하는 주인들의 소개로 찾아온 손님들에게 고맙다는 인사도 하지 않고, 아주 싸게 해줄 테니 자주 오라는 식이었다. 무례하고 값싼 서비스를 받은 사람들이 그 스포츠마사지센터를 기피하는 것은 당연했다.

나는 K에게 다음과 같이 충고해주었다.

"앞으로는 싼 가격에 마사지를 해준다는 생각은 버리고, 주변 사람들의 소개로 손님들이 찾아주니까 가게가 운영된다고 생각하고, 항상 그들에게 감사하는 마음을 표현할 수 있도록 노력하십시오."

이어서 나는 그에게 이웃이나 손님에게 기쁨을 주는 방법(제5장 참조)에 대해서도 충고를 해주었다. 석 달이 지나지 않아서 그로부터 전화가 걸려왔다.

"선생님의 충고대로 감사하는 마음을 갖고 최선을 다해 서비스에 신경을 썼더니 찾아오는 손님이 조금씩 늘기 시작했습니다. 이대로 간다면 그럭저럭 버틸 수 있을 것 같습니다. 정말 감사합니다."

최선을 다해 노력하는 그의 마음이 알려지면서 주변 사람들의 마음을 되돌려 놓은 것이었다.

이 이야기는 한 자영업자의 예이지만, 회사라는 조직 안에서 생활하는 비즈니스맨에게도 마찬가지로 적용시킬 수 있다.

우리는 다른 사람에게 감사하는 마음을 잊기 쉽다. 영업 목표를 달성하거나 자신이 입안한 기획이 통과되었을 경우, 자신도 모르게 자기의 능력을 과신하기 쉽다. 그러나 설사 그 모든 결과가 자신의 능력 때문이라고 해도 그것을 내세우는 거만한 태도는 삼가야 한다.

"내게 이런 일이 생겼던 것은 눈에 보이지 않는 곳에서 상사와 동료, 후배들이 지원해준 덕택이다."

이와 같이 감사하는 마음을 가지는 것이 중요하며 이런 자세가 갖추어져 있어야 보다 나은 기회를 움켜쥘 수가 있다.

성공하는 사람들의 생각과 실행법칙

당신의 수입을 올리고 싶다면 감사하는 법을 배워라. 상사에게, 동료에게, 부하 직원에게, 친구에게, 손님에게 감사하라. 감사의 마음이 잠재의식에 각인되어 당신의 마음을 부자로 만들어줄 것이다. 마음이 부자인 사람에게 재산이 모인다.

성공을 꿈꾸지 못한다
아니, 꿈꾸려 하지 않는다

삶에서 무엇을 원하는지 알지 못한다면 아무것도 얻을 수 없다

전 우주를 통틀어서 유일하게 영원한 것은 사람이 마음에 정한 일뿐이다. 삶에서 무엇을 원하는지를 알지 못한다면, 어떻게 그 무엇인가를 얻을 수 있겠는가? 행운이 없다면 노력이 없는 것이고, 노력이 없다면 계획이 없는 것이고, 계획이 없다면 꿈이 없는 것이다.

꿈이 없다면 우리는 왜 사는가?

세상사를 살펴보면 '일정한 수입만 있다면 급료가 적더라도 만족할 수 있다. 정년까지 일만 할 수 있다면 출세는 상관없다'라는 식으로, 별다른 욕심이나 꿈이 없이 살아가는 사람이 있는데 이런 사람 역시 가난에서 쉽게 헤어나지 못한다. 추구하고자 하는 목표와 꿈이 없는데 일이나 일상생활이 저절로 나아질 리가 없기 때문이다.

모든 것은 꿈을 그리는 것으로부터 시작한다. 머피는 이렇게 지적했다.

"돈이 없는 사람은 인생에 꿈이 없었던 사람이다. 꿈을 만들어 꾸는 사람에게 꿈이 돈을 불러모아 주는 것이다."

꿈이 없으면 목표를 잡을 수 없다. 목표가 없으면 계획을 잡을 수 없고, 계획이 없으면 실천하기도 어렵다. 실천이 없으니 안일한 생활이 지속되고, 이는 곧 될 대로 되라는 식의 우유부단한 의식에 영향을 미친다. 이러한 생활에서는 사물에 대한 적극적인 사고방식, 즉 의욕이 생기지 않게 된다.

그러면 결과는 어떻게 될까?

이번에는 모든 일에 대해서 '할 수 없다, 무리다'라는 소극적인 사고방식이 그 사람을 지배하는 것이다. 감나무 밑에 누워 감이 떨어지기를 기다리는 태도로는 아무리 운이 좋은 사람이라도 금전운이 결코 따라올 리가 없다.

장래에 세계적인 기업가로 활약하고 싶다는 꿈이 거부를 부르고, 언젠가 베스트셀러 작가가 되어 보겠다는 꿈이 거액의 인세를 부르는 것이다.

꿈이 있기 때문에 당면한 목표가 명확해지고, 명확한 목표가 있어야 철저한 계획을 세울 수 있다. 계획이 있어야 행동이 강화되며 무슨 일에든 적극적으로 대처하게 된다.

이러한 자세가 발전과 비약의 기회를 보장한다. 금전운과 부는 꿈과 떼어놓을 수 없는 관계로, 꿈이 크고 구체적일수록 그만큼 더 금전운과 재산도 불어난다.

성공하는 사람들의 생각과 실행법칙

인생에서 꿈이야말로 활력의 원천이다. 인생이 꿈을 꾸는 것이 아니라 꿈이 인생을 만드는 것이다.

자신의 불행을 암시하는 말을
습관처럼 하고 다닌다

불행에 대해 푸념하는 것은 곧 불행을 배가시키는 것이다

머피는 이렇게 말한다.

"가난이 가난을 부르고 불행이 불행을 부른다."

그러므로 세 치 혀에 불행과 가난을 얹지 마라. 자신의 혀와 자신의 꿈이 서로 싸우지 못하게 하라. 그렇다면 불행에 대해 푸념하여 불행을 배가시킬 것인가, 가만히 있음으로써 불행이 스스로 물러나게 할 것인가?

우리 인간은 크든 작든 마음속으로 생각한 문제를 쉽게 말로 표현하는 동물이다.

"비가 와서 기분이 울적한데….."

"아, 정말 짜증 나게 덥다."

"휴우, 완전히 지쳤어."

물론 이 정도라면 특별히 문제가 될 것은 없지만 만약 당신이 돈이 없다거나 돈이 모이지 않는다고 하고많은 날마다 투덜댄다면, 이때는 분명 짚고 넘어가야 한다. 당신은 평생 돈과는 인연이 없는 인생을 보내게 될 것이기 때문이다.

그 이유로는 두 가지를 들 수 있다.

하나는, 말이란 인간의 생각이 음성으로 바뀐 것으로 당신이 표현한 말은 부정적인 생각이라는 형태로 청각을 경유하여 잠재의식에 입력되기 때문이다.

또 하나는, 잠재의식의 '색인법칙'이다. 잠재의식은 당신이 생각한 내용에 민감하게 반응하여 겉으로 드러내는 성질을 가지고 있다. 즉, 돈이 없다거나 돈이 모이지 않는다는 말을 버릇처럼 사용하다 보면 잠재의식은 이런 식으로 판단해 버린다.

"아, 이 사람은 돈이 없는 인생, 돈이 모아지지 않는 인생을 바라는구나."

잠재의식은 그와 같은 인생을 현실화시키려 한다. 그렇기 때문에 설령 가난한 생활을 하고 있다고 해도 그 현실을 가능한 한 입에 담지 말아야 한다. 마찬가지로, '아무리 열심히 일을 해도 보람이 없다, 나는 능력이 없다, 조건이 너무 나쁘다'라는 부정적인 말도 삼가야 한다. 그보다는 오히려 확신을 가지는 적극적인 태도가 중요하다.

"지금까지 나는 최선을 다해서 열심히 일했으니까, 언젠가는 보상을 받을 때가 올 것이다. 그때는 나도 풍요롭게 살 수 있을 것이다."

이 말에 반론을 제기하는 사람도 있을 것이다.

"그것을 누가 모르나? 그런 생각을 할 수 없는 현실이 문제인 거지."

그러나, '그러나'라는 말씨 자체가 이미 자신의 불행을 긍정하고, 원하지 않는 상황도 마치 원하는 것처럼 미리 단정하고 암시하는 용어로 작용할 것이므로 주의해야 한다. 반대로, 금전운이 좋은 사람, 부자는 항상 이렇게 생각한다.

"돈은 세상을 돌고 돈다. 필요할 때면 들어올 테니까, 먹고사는 데에는 큰 지장이 없을 것이다."

"하루하루 최선을 다해 열심히 일했으니까 당연히 돈이 모일 것이다."

"나는 여유 있게 그리고 풍족하게 살 권리가 있다."

이렇게 함으로써 잠재의식도 '이 사람은 부를 원한다'라고 판단하게 되어 인생을 더욱 풍족하게 누릴 수 있는 방향으로 유도해 준다.

그러므로 당신도 돈이 없다는 말은 가능하면 입에 담지 않도록 노력하고, '앞으로는 많은 돈이 들어올 것이며 나는 풍족한 생활을 누리기 위해 태어났다'라는 말을 하루에 세 차례, 한 번에 10회 이상 표현하는 것이 바람직하다. 만약 무의식 중에 돈이 없다는 말을 하게 되었다면, 그 즉시 불행을 초래할 수도 있는 그 말을 취소하는 말을 덧붙이는 것이 좋다.

"아냐, 앞으로는 아주 많은 돈을 벌 수 있어."

부자는 더욱 풍족해지고, 가난한 사람은 아무리 노력해도 가난한 생활을 되풀이하는 악순환을 차단하는 첫걸음은 바로 이와 같이 불행을 암시하는 말보다는 긍정적이며 낙천적인 말씨와 생각에서부터 시작된다는 것을 명심해야 한다.

성공하는 사람들의 생각과 실행법칙

부를 바라면 풍족해진다. 가난을 생각하면 가난해진다. 생각은 비물질적이지만 이 상념의 세계야말로 모든 것을 창출하는 원천이라는 사실을 잊지 말아야 한다.

자신의 삶을 한탄하고 남을 미워한다

타인의 행복을 축복하는 것은 바로 자신을 축복하는 것이다

남을 질투하거나 증오하는 태도는 자신을 질투하고 증오하는 것이다. 결국, 이 증오는 돌고 돌아 자신에게로 되돌아오기 때문이다. 따라서 다른 사람의 행복을 너그러운 마음으로 축복하라. 바로, 당신이 자신을 축복하는 것과 다름 아니다.

예전에 나이 40줄에 들어선 어느 자유기고가와 상담한 적이 있었다.

"정말 열심히 일했지만 생활이 전혀 나아지지 않습니다. 최근에는 일이 줄어들어서 남는 시간에 아르바이트를 하고 있습니다. 어떻게 해야 금전운이 트일까요?"

그의 이야기에 신중하게 귀를 기울이고 있던 나는 한 시간 정도 지난 단계에서 그가 가난하게 살 수밖에 없는 이유를 파악할 수 있었다. 그는 말끝마다 남을 비난하고 질투했던 것이다.

"세상은 정말 불공평합니다. 동업자인 A는 실력도 그저 그런 편인데, 출판사의 중역과 연줄이 닿아서 늘 일이 넘치고 있으니 화나지 않고 어디 견디겠습니까."

"제가 아는 사람 중에 B라는 편집자가 있는데, 그 사람은 한자도 제대로 읽지 못하고 어휘 구사 능력도 형편없습니다. 거의 초등학생 수준이지요. 그런 사람이 제 문장을 비판하는데, 어이없는 일이 아닙니까? 게다가 그는 월급도 꽤 세더군요. 그 출판사, 사람 보는 눈이 그렇게 없으니 얼마 못 가서 망하고 말 겁니다."

나는 미안한 일이지만, 그에게 사실을 말해주지 않을 수가 없었다.

"지금 그런 사고방식으로는 행복은 물 건너간 거나 다름없습니다. 아마 평생 돈과는 인연이 없을지도 모릅니다."

이미 이해를 했겠지만, 이 사람은 다른 사람을 비판하고 험담하는 말을 너무 많이 한다. 선망과 질투, 증오라는 부정적인 생각이 마음속에 가득 차 있고, 이 생각들이 금전운을 쫓아버리는 것이다.

이렇게 단정하는 까닭은 선망과 질투, 증오라는 감정을 품고 남들을 비난하면 사람의 마음이 부정적으로 바뀌고, 이 부정적인 생각이 바로 자신의 잠재의식에 입력되기 때문이다.

사람이 남들의 험담을 일삼다 보면 알게 모르게 자신의 불행이 암시되어, 결과적으로 아무리 열심히 일해도 그 일에 만족을 느낄 수 없다. 이를 잠재의식의 '색인법칙(부정적 현상)'이라고 한다. 위에 예를 든 사람이 이 법칙에 휘말려 있는 것이다.

한편, 개인의 잠재의식 저변에는 '인간 공통의 잠재의식'이라고 불리는 마음의 평원이 존재하며, 이곳에서 타인에 대한 감정은 선악을 가리지 않고 부메랑처럼 자신에게로 되돌아오는 방식으로 마음이 움직인다. 그 때문에 다른 사람에게 부정적인 감정을 품으면 상대도 마찬가지 감정을 품기 때문에 인간관계에도 균열이 생기게 된다.

당신의 경우는 어떤가? 만약 마음에 걸리는 부분이 있다면 바로 개선하도록 노력하라. 다른 사람이 밉더라도 험담을 삼가고 가능하면 화해할 수 있도록 마음을 바꿔먹어야 한다.

질투도 마찬가지이다. 다른 사람에게 질투를 느끼고 있다면 자신의 장점을 찾아보고 이를 부각시키려 노력해야 한다. 예를 들어, 당신이 비즈니스맨이고 동료가 먼저 출세했다고 하더라도 그의 능력을 비판하거나 그의 출세를 시샘하지 말자. 설령 그가 능력이 부족한 사람이고 당신의 비판이 정당하다고 하더라도 그를 비판하거나 시샘하면, 잠재의식은 당신의 불평만을 받아들일 뿐이다. 잠재의식의 입장에서 보면 동료에게 추월당했다고 불평하는 초라한 감정으로밖에 받아들여지지 않는다. 이런 때일수록 동료의 승진과 성공을 너그러운 마음으로 축하해주어라. 그러면 개인의 잠재의식에 존재하는 '색인법칙'과 인간 공통의 잠재의식에 존재하는 '부메랑효과'에 의해서 주위 사람들로부터 승진과 성공의 축가를 듣게 될 것이다.

성공하는 사람들의 생각과 실행법칙

당신이 바라는 것이 있다면 다른 사람에게도 그런 행운이 깃들이기를 기원하라. 당신이 바라지 않는 것은 다른 사람도 바라지 않는다. 당신이 만약 다른 사람의 불행을 바란다면 당신 자신도 불행해진다.

요행수를 노리고
무리수를 둔다

정상에 도달하려고 애쓰지 말라. 그다음은 내리막길이다

돈을 놓고 노름을 하는 사람은 잠재적인 사기꾼이다. 왜냐하면 공짜로 무언가를 거저 얻으려 하기 때문이다. 공짜로 무언가를 얻으려는 사람은 무엇인가를 지불하고도 아무것도 얻지 못했다. 그리고 성공의 사다리 꼭대기에 너무 빨리 도달하려고 애쓰지 말라. 그곳에서 갈 수 있는 길은 오직 한군데밖에 없다. 사다리의 아래쪽밖에는.

어느 시대든 편하게 그리고 요행으로 돈을 벌려는 사람이 있다. 그러나 이런 사람은 결코 금전운이 따르지 않는다. 그중에서도 가장 문제가 되는 것이 도박으로 일확천금을 노리는 사람이다. 이런 사람은 일시적으로 큰돈을 얻는다 해도 결국 헛되이 날려버린다.

도박이라는 행위의 이면에는 손해를 본 수많은 사람들의 원망이 깃들여 있기 때문이다. 다시 말해서 경마로 큰 손해를 본 사람들은 경마로 돈을 번 사람을 원망하고, 이 원망은 '인간 공통의 잠재의식'에 입력이 된다. 그럴 경우, 당신의 의지가 어지간히 확고하지 않은 이상 그 부정적인 생각들이 밀려들어 당신의 운을 가로막는 것이다.

실제로 내 주변을 둘러보아도 도박으로 큰돈을 벌어 행복해진 사람은 거의 없다. 한때 돈을 벌어 화려한 생활을 누리기는 해도 결국에는 눈 깜짝할 사이에 그 이상의 돈을 날려버린 사람들이 훨씬 많았다.

이런 의미에서 얼마 전에 한창 뜨던 주식도 도박은 아니더라도 삼가는 것이 좋다. 주식도 도박과 마찬가지로 손해를 본 사람들의 원망과 저주가 깃들여 있기 때문이다.

실제로, 주식에 빠져 인생을 망친 사람을 알고 있다. 그 사람은 프리랜서로 활동하는 카메라맨이었는데, 친구의 소개로 주식에 손을 댄 이후 주가 변동이 마음에 걸려 일을 제대로 할 수 없었다. 따라서 납기일도 태연히 어기고, 그 때문에 고객들도 점차 줄어들었다. 그러나 이 사람은 본업을 제쳐두고 주식에만 신경을 쓰면서 위기감을 전혀 느끼지 못했다.

마침내 결정적인 사건이 발생했다. 큰 기대를 걸었던 주식이 폭

락하여 엄청난 손해를 본 것이다. 정신을 차렸을 때에는 이미 손을 쓸 수 없는 상황이었다. 결국, 거액의 빚만 남았고 아무도 상대해주지 않았다. 패가망신하는 사람들에 비하면 그나마 운이 좋은 편이었지만, 그는 스튜디오를 정리하고 고향으로 내려가는 신세로 전락하고 말았다.

이와 같이 도박이나 주식은 인생에서 십중팔구 도움이 되지 않는다. 물론, 이렇게 말하는 사람들도 있다.

"간절히 원하면 소원이 이루어진다고 했듯이 주식이나 복권을 통해서 부와 성공을 얻을 수도 있지 않느냐? 그리고 실제로 주식으로 수억 원을 번 사람도 있고 복권을 사서 수억 원에 당첨된 사람도 있지 않느냐?"

그렇다. 잠재의식의 능력을 활용한다면 주식이나 복권을 통해서 큰돈을 버는 것도 얼마든지 가능한 일이고, 그런 식으로 돈을 번 사람들 모두의 인생이 비참하다고 말할 수는 없다. 그렇다면 이 모순을 어떻게 보아야 할까?

다시 머피의 말을 들어보자.

"세상에서 주식이나 복권으로 큰돈을 번 사람을 나는 많이 보았다. 하지만 그들이 주식으로 큰돈을 벌 수 있다거나 복권이 당첨될 것이라는 확신을 가지고 있었던 것은 아니라고 생각한다. 그들은 잠재의식이 자신이 필요로 하는 것을 충족시켜 줄 것이라는 굳은 확신을 가지고 있었고 그 수단으로 주식이나 복권을 활용했을 뿐이다."

잠재의식은 그 사람의 꿈이나 삶에 민감하게 반응한다. 꿈의 실현이나 삶의 창조에 필요한 돈을 얻는 방법으로 주식이나 복권이 활용되는 경우도 있다는 점을 지적한 것이다. 즉, 이들은 돈을 버는 것만을 목적으로 삼지 않았던 것이다.

이제 사람들을 속여서라도 돈을 모아보겠다는 사람들에 대하여 이야기해 보자.

도박이나 주식은 이로 인해 피해나 손해를 본 사람의 원망과 증오를 불러온다고 했다. 이보다 더 무서운 것은 사기행위나 악질적인 상행위 등으로 사람을 속여 돈을 버는 경우이다.

이 경우, 설령 일시적으로 큰돈을 벌어 성공한다고 해도 언젠가 엄청난 손해와 보복이 찾아온다. 왜냐고? 인간 공통의 잠재의식이 매개체가 되어 도박이나 주식 등과는 비교할 수 없을 정도로 많은 사람들의 원망과 증오가 직접적으로 작용하기 때문이다. 당연히 그 때문에 법의 제재를 받아 전과자라는 오명을 쓰거나 평생을 일해도 갚을 수 없는 빚을 짊어지고 헛된 인생을 보낼 수밖에 없다.

지금부터 소개하는 한 남자의 이야기가 바로 위법적이고 무모한 돈벌이 때문에 인생을 망친 경우이다.

이 남자는 원래 사무기기 영업사원으로 일했는데, 언젠가 친구의 소개로 이른바 위법한 상행위, 즉 당국의 인가를 받지 않은 버섯음료수를 항암효과 및 당뇨병 특효약으로 선전하여 거액을 벌게 되었다.

물에 빠진 사람은 지푸라기라도 잡으려 한다는 심리를 이용, 의사로부터 불치병 선고를 받은 환자들을 대상으로 그는 짧은 기간에 큰돈을 벌게 되었는데, 놀랍게도 그 수입이 한 달에 수천만 원이 되었다.

이렇게 쉽게 큰돈을 벌자, 영업사원 따위에는 얽매이고 싶지 않다는 생각에 주위의 반대에도 불구하고 다니던 직장을 그만두었다. 그리고 퇴직금을 모두 약장사에 쏟아부었다.

그러나 그것이 불행의 시작이었다. 얼마 후에 그 음료수가 사기성이 있다는 사실이 발각되어 본사의 임원 전원이 약사법 위반과 사기혐의로 체포되었던 것이다.

물론, 경찰의 손길은 이 남자가 설립한 자회사에까지 미쳤고 그도 역시 본사의 임원들과 똑같은 죄목으로 체포되어 징역 3년형을 선고받았다.

그리고 5년이 지난 지금, 그는 부인과 이혼하여 이곳저곳을 전전하고 있다. 이미 50세가 넘은 나이에 전과자라는 낙인까지 찍힌 그를 어떤 회사가 채용하겠는가.

이 이야기는 조금은 극단적일지는 모르지만 남의 일이라고 간과할 수도 없는 부분이 있다.

설령, 큰돈은 아니라 해도 당신이 만약 남을 속여 가면서 돈을 번다면 당신 자신도 언젠가는 하늘의 제재를 받게 되고 많은 돈을 날리게 된다는 점을 잊지 말아야 한다.

사소한 성공에도
오만하고 거만하다

그릇이 차면 넘치고 사람이 자만하면 이지러진다

잘생기고 반듯한 나무가 먼저 잘린다. 하물며 떠벌리고 큰소리 치며 사람 소중한 줄 모르는 사람이 온전하지 못하리라는 것은 누구나 안다.

때를 못 만났거나 실력이 없는데도 자만하다가 실패한 사람은 재기할 수 있지만, 오만하고 거만한 사람은 한 번 쓰러지면 다시 일어나기 힘들다.

유명한 상담회사를 창업한 I가 부를 꿈꾸는 사람들을 향해 뼈있는 말을 남겼다.

"돈을 번 이후에 거만해지면 그 사람의 금전운은 점차 사라지고 말 것이다."

사람은 자신이 하는 일이 일단 궤도에 오르고 돈이 들어오기 시작하면 모든 것이 자신의 능력에 의해서 이루어졌다는 자만심이 생기게 되고 언행에도 그런 심리가 나타난다. 이런 경우, 다른 사람들로부터 기피당하고 협력자의 원조가 끊겨 고립되기 때문에 더한층 발전할 수 있는 기회까지 놓쳐 버린다. 그런 결과를 낳지 않으려면 일이 잘 풀릴 때일수록 머리를 숙일 줄 알아야 하고 모든 사람에게 더욱 겸허한 태도를 보여야 한다는 점을 지적한 것이다.

어느 출판사의 편집자로부터 들은 이야기를 떠올리면 이런 지적이 실감이 난다.

경영컨설턴트인 T는 출판사로부터 자기계발과 관련된 서적을 의뢰받아 출판한 이후 출간하는 책마다 베스트셀러를 기록하여 순식간에 거액의 인세를 받게 되었다. 그러나 그는 유명해지면서 점차 인간성이 바뀌어 갔다. 과거에는 아주 겸손했던 사람이 사람들을 대하는 태도가 차츰 거만해진 것이다.

"T? T라고 함부로 이름을 부르지 말고 T선생님이라고 부르면 듣기도 좋잖수."

"뭐라고요? 초판을 1만 부밖에 찍지 않는다고? 그럼 출판 이야기는 없었던 것으로 하지요. 댁의 출판사가 아니더라도 내 책을 출판해 줄 출판사는 얼마든지 있소."

"강연료가 겨우 그거란 말이오? 사람을 어떻게 보고 그러는 겁니까?"

이런 식이었다. 그러나 거만한 자는 오래가지 못한다. T의 행복도 그렇게 오래가지 않았다. 고문을 맡아준 회사가 도산하는 바람에 그의 신용이 점차 실추되었기 때문이다. 책도 과거처럼 잘 팔리지 않았다. 그가 쓰는 책의 내용이 모두 비슷하다는 점에서 독자들이 식상을 했기 때문인지도 모른다. 지금은 출판이나 강연의 횟수도 줄어들어 사무실도 시내의 최고 요지에서 교외로 이전하게 되었다고 한다.

모두들 그에 대해 이렇게 말한다.

"그렇게 거만하게 굴던 사람이 지금은 정말 비참합니다. 초판 천 부만 찍어도 좋으니까, 자기 책을 검토해 달라는 거예요. 강연도 마찬가지입니다. 강연료가 얼마이든 상관하지 말고 자기를 강사로 추천해달라더군요. 하지만 T는 잘나가던 시절에 주변 사람들에게 너무 거만하게 굴지 않았습니까. 그래서 사람들이 모두 싫어하지요. 이제 와서 머리를 숙이고 겸손하게 행동해도 아무도 상대해주지 않습니다. T에게는 안된 일이지만 이제 운이 다한 것 같습니다."

이것은 비단 T에게만 한정된 이야기가 아니다. 버블경제가 화려했던 시절에 잘나가던 회사들을 돌이켜보자. 잘나갈 때 미래를 위한 대비에 소홀했던 그 회사들은 지금 대부분 구조조정이나 흡

수합병의 여파에 휘말려 도산 직전의 위기까지 몰려 있다. 아니, 이미 도산한 회사도 많다.

벼는 익을수록 머리를 숙인다고 했다. 일이 잘 풀리거나 순조로울 때일수록 다른 사람에게 보답을 하거나 겸손한 자세로 대해야 하며, 이런 마음가짐을 갖추고 있으면 더 많은 돈이 들어오게 된다.

성공하는 사람들의 생각과 실행법칙

돈은 사람의 인격을 바꾸는 마력이 있다. 돈이 고개 숙여 들어올 때, 돈과 함께 고개를 숙여라.

부정적인 의식으로
가난의 텃밭을 일군다

긍정적인 정신자세를 갖고 행복과 조화를 끌어들여라

부정적인 정신자세를 가진 사람은 자석이 쇠붙이를 끄는 것처럼 불행과 말썽을 끌어들인다. 당신이 삶을 몰고 가거나, 아니면 삶이 당신을 몰고 가거나 둘 중 하나이다. 누가 말이 되고 누가 기수가 될지는 당신의 정신자세가 결정한다. 당신이 말이 되었다면 어둠을 향해 달려가는 기수를 태우겠는가, 밝음을 향해 달려가는 기수를 태우겠는가. 당신의 마음가짐이 당신의 삶을 몰고 가는 것이라고 생각하라.

오래전에 어떤 회사에서 실제로 일어났었던 이야기를 소개하겠다.

언젠가 A와 B는 시장 개척을 위해 필리핀 마닐라로 전근을 제의 받았다. 두 사람은 크게 당황했다. 마닐라는 치안 상태가 나쁘고 마약과 총기가 난무하는 위험한 환경일 뿐 아니라 언어와 풍습의 차이도 심했기 때문이다.

생각 끝에 A는 출세를 포기할 각오를 하고 전근 제의를 거절했다.

"업무를 성사시키기도 어려울 뿐 아니라 언어에도 자신이 없습니다. 그리고 저 자신의 위험이나 전근한 이후의 가족들의 생활을 생각하면, 불안한 요소가 너무 많습니다."

B는 어떻게 했을까?

B는 뜻밖에 그 제의를 순순히 받아들이고 마닐라로 전근을 떠났다.

그에게는, 장차 해외에 별장을 마련하고 그곳에서 말년을 보내야겠다는 원대한 꿈이 있었다. 그렇기에 B는 치안 상태가 열악한 마닐라에서 생활할 수 있다면 앞으로 어떤 나라에 가서도 살아갈 수 있으므로 이번 전근을 그 기회로 삼아야겠다고 판단한 것이다.

그 결과, B는 전근 간 지 3년 만에 시장 개척에 성공했고, 본사로 돌아오자마자 부장으로 승진하여 아주 높은 연봉을 받게 되었다.

그뿐 아니라, 마닐라에서 사귄 오스트레일리아인의 소개로 오스트레일리아에 별장이 딸린 넓은 땅까지도 사들일 수 있었다. 결국, A와 B는 입사 동기지만, 지금은 연봉은 물론 생활 수준이 아주 큰 차이가 날 수밖에 없음은 당연하다.

이런 이야기를 소개하는 이유는 스스로 '할 수 없다. 불가능하다'는 식의 부정적인 의식을 품고 자신의 능력을 믿지 못하면, 눈앞에 발전과 비약의 기회가 찾아와도 이를 놓쳐버리고, 나아가서는 금전운에도 좋지 않은 영향을 끼치게 된다는 점을 강조하기 위해서이다.

사실, 아직까지 체험해보지 못했거나 위험한 미지의 분야에 발을 들여놓기 위해서는 많은 용기가 필요하다. 그렇다고 해서 처음부터 할 수 없다거나 불가능하다고 판단하는 것은 지나치게 소심한 생활 태도이다.

누구나 처음에는 불안을 느끼며, 어떤 결정에 대한 명확한 확신을 가질 수는 없다. 하지만 도전하고 노력하는 동안에 지혜가 트이고 여러 종류의 대처 방법이 떠오르고, 그 결과 어려운 문제나 불가능하다고 생각되었던 일도 뜻밖에 간단하고 쉽게 해결되는 법이다.

그렇기 때문에 어떤 일에 도전할 때, 특히 그것이 발전이나 비약의 기회와 연결될 때에는 불가능한 이유나 할 수 없다는 이유를 찾으려고 할 것이 아니라, 긍정적인 마인드로 실천 가능한 방법을 찾도록 해야 한다.

이와 같은 적극적이고 긍정적인 마음가짐이 가난을 물리치고 금전운을 끌어들이는 비결이다.

성공하는 사람들의 생각과 실행법칙

이 세상에 불가능한 일은 존재하지 않는다. 모든 일은 실현 가능하다. 그런데도 현실적으로 불가능한 일이 발생하는 이유는 불가능하다고 믿는 사람들이 존재하기 때문이다. 인생은 자기가 믿는 대로 전개된다는 사실을 잊지 말라.

감나무 밑에 누워서
감 떨어지기만을 기다린다

당신이 정말 위대하다면 자신과 다른 사람들에게 행동으로 증명하라

복권을 사지도 않았으면서 당첨을 기대하는 짓은 세 살 먹은 아이도 하지 않는다. 그러나 이 기본적인 사실조차 우리가 저버리고 부러워하는 것도 사실이다. 올라가지 않고 감나무 아래에 누워서 기다리는 것이 이와 매한가지 아닌가!

이번에는 프리랜서로 활동하는 디자이너 N의 이야기이다.

N은 시내 한복판에 위치한 디자인사무실에서 꽤 실력 있는 디자이너로 일하다가 상사와의 갈등을 계기로 도시 변두리에 개인 사무실을 열어 독립을 했다. 거기까지는 별문제가 없었지만 얼마 지나지 않아 난관에 부딪혔다. 일다운 일을 수주하지 못하여 수입

이 별로 없었던 것이다.

"회사를 그만둔 것이 실수였어."

초조해진 N이 풍수와 관련된 책을 읽고 그 저자에게 상담을 요청한 후, 그의 사무실을 찾아갔다.

"당신의 사무실 입구가 좋지 않은 방향에 있습니다. 이래서는 일이 제대로 들어올 리가 없지요. 금전운도 나쁠 수밖에 없습니다. 성공하고 싶으면 당장 이사하도록 하십시오."

풍수 전문가의 말을 들은 N은 더욱 초조해진 나머지 개업한 지 불과 석 달 만에 사무실을 옮겼다. 그뿐이 아니라, 그 저자가 시키는 대로 컴퓨터를 비롯한 사무기기까지 완전히 새롭게 갖추기 위해 큰돈을 쏟아부었다. 그러나 상황은 호전되기는커녕 더욱 나빠졌다.

"이제 자금도 바닥이 났습니다. 앞으로 어떻게 해야 좋을지 모르겠습니다. 무슨 방법이 없을까요?"

어느 만화가의 소개로 나를 찾아온 그가 절박한 심정으로 상담을 요청했다.

"디자이너로서의 실력도 좋고 입지가 좋은 곳으로 옮기기까지 했는데, 왜 일이 제대로 풀리지 않죠?"

처음엔 나도 알 수가 없었지만 30분 정도 이야기를 더 나누어 보다가 그 이유를 알게 되었다. N은 프리랜서에게 꼭 필수적인 영업 활동을 하지 않았던 것이다. 단순히, 누군가가 발주를 해오기만을 기다리고 있었다. 회사 홍보나 영업활동을 전혀 하지 않는데, 아무리 입지가 좋고, 실력이 뛰어나도 일이 저절로 들어올 리는 만무하다. 그래서 나는 N에게 충고했다.

"지금 당신에게 가장 중요한 문제는 영업활동에 전념하여 자신의 능력을 알리면서 인맥을 넓히는 것입니다. 가만히 앉아서 기다리는데 일이 들어 오겠습니까? 좀 더 적극적으로 행동하는 것이 어떻겠습니까? 그렇게 해야 당신이 믿는 풍수도 효과를 발휘하지 않겠습니까?"

행동이나 실천이 없이는 성과를 기대할 수 없다. 복권에 당첨되려면 복권을 사러 가는 행동이 뒤따라야 한다. 아무리 마음의 준비가 잘 되어 있다고 해도 행동으로 실행하지 않는 사람에게는 당연히 돈이 모이지 않는다. 계획이 아무리 좋은들 실행하지 않으면 쓸데없는 짓이다. 내일의 계획은 오늘의 하찮은 행동에 미치지 못한다. 원숭이처럼 계획하고 소처럼 믿음을 가지고 코뿔소처럼 밀고 나간 연후에, 그리고 기다려도 늦지 않다.

성공하는 사람들의 생각과 실행법칙

가만히 앉아 기다리고 있는 상태에서는 금전운이 따라오지 않는다. 마음속으로 바라고, 몸으로 실행해야만 비로소 어떤 운이라도 열린다.

그러나 부자,
당신도 성공할 수 있다

내 안에 있는 보물창고의 키를 찾아라

당신의 내부에는 무한한 보물창고가 있다. 그렇기 때문에 마음만 먹는다면 당신은 언제든지 그곳으로부터 필요한 금액을 꺼내 쓸 수 있다. 단지 사람들 대부분이 돈을 끌어내는 방법을 모르고 있을 뿐이다.

세계적으로 유명한 자동차 왕 헨리 포드가 사업에서 대성공을 거두어 거부를 얻은 직후에 신문기자들과 공식 인터뷰를 하게 되었다.

"포드 씨, 당신은 원래 가난한 농민 출신에 지나지 않았습니다. 그렇게 무에서 출발했던 당신이 이렇게 세계 제일의 부호가 될 수 있었던 이유가 무엇이라고 생각하십니까?"

"그건 실례되는 질문이지요."

"네? 제가 한 질문에 문제가 있습니까?"

"그렇습니다. 지금 제가 아무것도 없는 무에서 출발했다고 말씀하시지 않았습니까?"

"그렇지 않습니까? 그 시절, 포드 씨는 아주 가난해서 돈이 거의 없었던 것으로 알고 있는데요."

"아무래도 오해하고 계신 것 같군요. 나는 처음부터 내가 무한한 부를 공급해줄 우주의 보물창고와 연결되어 있다는 사실을 알고 있었습니다. 내 경우, 그곳으로부터 부를 끌어낸 것에 지나지 않습니다."

여러분은 포드의 이 말을 어떻게 받아들이는가?

부자의 거만이라고 생각하는 사람들이 많을 것이다. 기업의 도산과 구조조정이 잇따르고, 심각한 경제 침체에 빠져있는 현실에서 그날그날의 생활에 마음을 졸이고 있는 사람들은 화를 낼지도 모른다. 그러나 포드의 이 말은 그가 거만해서 나온 것이 결코 아니다.

이 책의 가이드 역할을 하는 조셉 머피도 다음과 같은 말을 했다.

"당신의 내부에는 무한한 보물창고가 있다. 마음만 먹는다면 당신은 언제든지 그곳으로부터 필요한 만큼 꺼내 쓸 수 있다. 단지 사람들 대부분이 돈을 끌어내는 방법을 제대로 알지 못하고 있을 뿐이다."

우리 인간은 모두 인간 공통의 잠재의식 안에 존재하는 '우주 은행'과 연결되어 있으며 원하는 만큼의 금액을 얼마든지 꺼내 쓸 수 있다. 단, 이 은행에는 다른 사람에게 기쁨을 준 만큼의 돈만이 저장되어 있다.

성공하는 사람들의 생각과 실행법칙

사람은 누구나 다른 사람에게 기쁨을 주는 만큼의 재산을 소유하고 있다. 모든 부는 마음속에 존재한다. 부와 가난을 결정짓는 것은 당신의 마음이고 어느 쪽을 선택하는가는 당신 자신에게 달려있다.

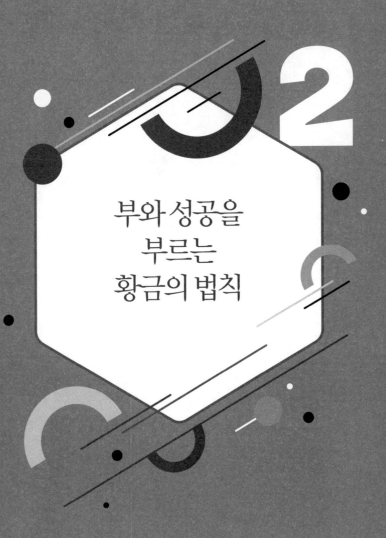

부와 성공을
부르는
황금의 법칙

성공이란 것은, 그대가 원하고 바라는 것을 잡는 것이다.
훌륭한 대학교수나 모두로부터
추앙받는 위대한 정치 지도자가 되기를 바라는 사람도 있을 것이고,
백만장자처럼 돈을 모아서 여생을 안락하게 보내기를
희망하는 사람도 있을 것이다.
아무튼 구하는 것을 얻게 되는 것, 자기 것으로 하는 것, 이것이 바로 성공이다.

- 데일 카네기

성공의 맥을 짚고 싶으면
자신의 관점부터 바꿔라

생각을 바꾸면 또 다른 세상이 보인다

당신을 만든 것은 당신 자신이다. 그러므로 당신을 바꾸는 것도 당신 자신이어야 한다.

제1장에서는 여러 가지 경우를 예로 들면서, 돈과 인연이 없는 사람이나 아니면 가난해지기 쉬운 사람의 공통적인 경향을 설명했다.

이들을 다시 요약해보면, 어떤 경우이든 부정적인 생각이 잠재의식에 입력되면 이 오염된 잠재의식이 행동으로 드러난다는 것이다.

그러나 이론적으로 이러한 사실을 알고 있어도 자신이 현재 부정적인 상념에 사로잡혀 있다는 점을 자각하고 그것을 개선하는 것은 결코 쉬운 일이 아니다.

예를 들어, 최근에 당신의 심리상태를 제3자의 입장에서 살펴보자. 해당되는 항목이 몇 가지나 있을까?

1) 부장의 잔소리 때문에 하루 종일 기분을 잡쳤다.

2) 상사의 느닷없는 지시에 반발하여 감정적인 말다툼을 벌이고 말았다.

3) 월급만 많다면 굳이 출세하지 않아도 좋다.

4) 부하 직원의 사소한 실수를 자존심이 상할 정도로 심하게 꾸짖었다.

5) 자회사로 전근 가는 상사 소식을 듣고 기분이 좋았다.

6) 이번 달에는 계약을 한 건도 못해서 스스로 자신감을 잃어버렸다.

7) 기대했던 거래가 깨져서 하루 종일 기분이 가라앉고 잠도 이루지 못했다.

8) 신문이나 방송에서 구조조정에 관한 기사를 대할 때마다 불안하다.

9) 여자친구와 식사를 하면서 나의 회사 일에 대한 불평만 늘어놓았다.

이런 문제들을 하나하나 짚어가면서 자신의 행동을 점검해보는 것은 매우 중요한 일인데도, 이를 귀찮게 생각하는 사람들이 많다.

그렇다면 부정적인 마음을 하나하나 점검할 필요도 없이 빠른 시간 안에 확실하게 긍정적인 상태로 되돌리는 방법은 없을까? 부와 성공의 기본적인 법칙은 없을까?

그 방법은 바로 머피가 주장하는 황금률(Golden Rule)을 이해하는 것이다. 그렇다고 어렵게 생각할 필요는 없다. 지금부터 설명하는 포인트만 파악하고 수용한다면 굳이 필요 이상으로 의식하지 않아도 당신의 마음이 긍정적인 방향으로 개선될 것이기 때문이다.

성공하는 사람들의 생각과 실행법칙

돈의 흐름을 바꾸고 싶으면 당신 자신부터 바꿔라. 즉, 당신이 변하면 돈의 흐름도 바뀐다. 이 사실을 깨닫는 것이야말로 금전운이 따르는 첫걸음이다.

간절하게 원하는, 두려움 없는 꿈을 가져라

아무리 황금을 가득 실은 배라도 나침반이 없다면 아무 소용이 없다

자신이 평소에 간절하게 원하는, 그리고 두려움 없는 꿈이야말로 성공의 첫 번째 황금률이며 나침반이다. 황금을 아무리 가득 실은 배라도 나침반이 없다면 무슨 소용이겠는가. 꿈이 없는 사람들이 이 부자들의 바다에서 조난당하는 것이다.

꿈이 있어야 당면한 목표가 명확해지고 이 목표를 이루기 위한 계획도 세울 수 있다. 앞에서도 계획을 세우면 행동이 강화되어 무슨 일에든 적극적으로 덤벼들게 된다고 언급했다. 마찬가지로 머피도 꿈을 꾸는 중요성에 대해 다음과 같이 말했다.

"일생의 꿈을 가지면 사고회로를 담당하는 뇌가 개조되어 사고방식이나 행동에 활기가 넘치고, 이 활달한 감정이 당신의 잠재의식을 자극한다."

이 말의 의미를 설명하기 위해 알기 쉬운 예를 인용해보자.

예를 들어, 당신이 시내에 자기 집을 가져야겠다는 결심을 했다고 하자. 그러면 다음과 같은 문제들을 고려할 것이다.

"단독주택이 좋을까, 아파트가 좋을까?"

"거실 바닥은 나무로 해야지. 화려한 샹들리에도 달고."

"이번 휴일에는 집을 보러 다녀야겠어."

그밖에도 여러 가지 문제를 생각할 수 있을 테지만, 적어도 사고와 행동이 자기 집을 소유하겠다는 목표로 집중될 것이다. 또한 이상적인 자기 집을 이미지화시켜 상상하면 기분이 좋아지기 때문에, 부족한 돈을 어떻게 조달해야 할지, 어떤 금융기관에서 돈을 빌려야 할지 등 성가신 문제에 대해서도 긍정적으로 접근하게 된다. 바로 이러한 긍정적인 사고방식이 계획을 세우고 행동능력을 배가시켜주는 힘이 되는 것이다.

또한, 꿈을 가지면 정보에 대해서도 민감해진다. 당신이 나무로 지은 집을 바란다면 서점이나 도서관에 갈 때마다 그와 관련된 잡지나 서적을 뒤적이게 될 테고, 그런 과정을 통해서 뜻밖에 유리한 정보를 얻기도 한다.

그리고 꿈을 가지면 매일의 언행이 밝아지기 때문에 주변 사람들로부터 호감을 얻는다. 이런 사람들의 호감들 덕분에 부족한 돈이 마련되거나 융자문제가 쉽게 해결될 수도 있다. 그렇게 되면 당신은 지금까지 조심스럽게 살던 셋방살이를 청산하고 새로운 집에서 좀 더 자유로운 생활을 시작할 테고, 이 때문에 또 매일 즐겁게 살아갈 것이다. 또 상사로부터 잔업을 명령 받는다 해도 밝은 표정으로 기분 좋은 대답을 할 수 있을 것이다.

당신이 바라는 자기 집을 가질 수 있다는 점, 그곳에서 쾌적한 생활을 보내게 된다는 점이 만족스럽고, 그것이 말투, 표정, 업무 태도에 이르기까지 좋은 영향을 끼치게 된다.

당신도 이미지를 그려보는 것만으로 행복한 기분에 젖을 수 있는 구체적이고 원대한 꿈을 가지도록 하라. 그리하면 머피의 말처럼 사고회로를 담당하는 뇌가 개조되어 사고방식이나 행동에 활기가 넘치게 될 것이다.

성공하는 사람들의 생각과 실행법칙

인생에서 무엇을 원하는지 확실히 정하고, 그것을 얻기 위해 무엇을 쏟아 부을 것인가를 더 확실히 정하라. 불변의 목표야말로 성공의 첫 번째 황금률이다.

사소한 일에도
열정과 신념을 갖고 도전하라

가장 무서운 적은 자신에 대한 의심이다

'나는 해야 한다. 그러므로 나는 할 수 있다!'라는 자신감과 신념이 행운의 출발점이다.

설령, 열정과 신념이 있어도 달성할 수 있는 일은 극히 소수일 뿐이다. 그러나 이 열정과 신념이 없다면 이루고자 하는 꿈도 없을 것이니, 그나마 아무런 일도 달성할 수 없다. 신념은 신념을 낳고 의심은 의심을 낳는다.

내가 아는 사람 중에 그야말로 맨손으로 시작을 해서 연 수백억 원의 매출을 올리는 장난감회사를 일으키는 데 성공한 A라는 사람이 있다.

그의 성공 비결이 궁금했던 나는 언젠가 A에게 이런 질문을 던진 적이 있었다.

"이렇게 큰 회사를 일으킬 만큼 성공하게 된 비결 한 가지만 말씀해주시겠습니까?"

그러자 그는 이렇게 대답해주었다.

"이것저것 생각할 여유가 없었지요. 어떻게 해서든 사업을 성공시키겠다는 한 가지 생각에만 몰두한 것이 성공하게 된 계기라고 말할 수 있겠지요."

A는 매우 가난한 집에서 태어났다. 하루하루 끼니 걱정을 해야 할 만큼 어려운 탓에 고등교육은 엄두도 낼 수 없었다. 겨우 중학교밖에 졸업하지 못했던 그는 28세의 나이에 그때까지 근무하고 있던 회사를 퇴직하여 독립을 선언하자, 주변 사람들 대부분이 빈정거렸다.

"중학교밖에 못 나온 사람이 독립해서 회사를 차리겠다니, 제정신이 아니군."

"어차피 몇 달 못 갈 거야."

그러나 A는 주변 사람들의 빈정거림에 아랑곳하지 않고 자신의 꿈을 좇아갔다. 오히려 주변 사람들의 빈정거림이 많아질수록 그는 집념을 불태웠다.

그는 1980년대 초반, 방부제 처리가 필요 없는 환경친화적인 목재를 사용한 장난감을 개발했는데, 그 결과가 대단히 성공적이었다.

이윽고 1990년대로 접어들어 환경의 중요성이 강하게 부각되자, 자연과 인간에게 친화적인 재질을 사용한 A회사 장난감이 전국적인 주목을 받게 되었다.

그 결과 A는 지금과 같이 성공적인 기업의 오너로 자리 잡게 되었는데, 그가 이렇게 성공할 수 있었던 이유는 자신의 어려운 입지를 극복하고 어떻게 해서든 성공하고야 말겠다는 강렬한 의욕을 불태웠기 때문이다. 즉, 몸과 마음에 가득한 의욕이 잠재의식에 입력되어 있었기 때문에 자기실현이라는 목적을 달성할 수 있었던 것이다.

바꾸어 말하면, 조건이 나쁘다느니, 환경이 불리하다느니, 장애에 부딪혔다느니, 몸이 약해서 무리라느니, 나이가 너무 많다느니, 전문가가 아니라느니, 누가 도와주질 않는다느니 등의 말들은 그 사람의 옹색한 변명에 지나지 않는 것으로, 실패의 이유가 될 수 없다.

마음만 먹는다면 할 수 있다고, 자신에게는 꿈을 실현시킬 수 있는 능력이 있다고 믿고 행동하면, 사고방식이나 행동패턴에 변화가 일어나고 불가능하다고 여겨졌던 일들도 얼마든지 이뤄낼 수 있다.

결국, 불행은 아무 이유 없이 당신의 인생에 끼어드는 것이 아니다. 당신이 불행을 생각하기 때문에, 불행을 의식하기 때문에 비참한 상황에 놓이는 것이다.

굳은 신념을 가지고 일해가면 두려울 것이 없다. 그래야 비로소 자신이 바라는 좋은 결과가 나타나는 것이다.

성공하는 사람들의 생각과 실행법칙

인생에 아무리 거대한 꿈이 있다고 해도, 불가능한 이유만 생각하면 꿈은 이룰 수 없다. 불가능한 이유만 생각하면 마음이 불안하고 의욕이 꺾이게 되기 때문이다. 따라서 할 수 있는 이유를 찾는 태도가 중요하다. 실현 불가능한 것보다는 실현 가능한 이유를 가지고 있으면 마음이 안정되고 자신감과 용기가 생기고 모든 언행에 의욕과 활기가 솟아오른다. 신념이란 그런 마음의 상태를 가리키며 이 신념이 바로 당신의 인생에 기적을 가져다준다.

행복을 꿈꾸거든
주위에 사랑과 기쁨을 베풀어라

가까운 친구의 커다란 불행이 인간을 가장 기쁘게 한다?

'인간을 가장 기쁘게 하는 것은 가까운 친구의 커다란 불행이다.'라는 말이 있다. 그러므로 불행보다 행운을 얻으려거든 먼저 행운의 씨앗을 뿌려라. 그것을 뿌릴 때는 눈에 잘 띄지 않으나, 그것은 모든 일에 성공을 가져온다.

옛날, 어떤 곳에 삿갓을 엮어 생계를 유지하는 할아버지와 할머니가 살았다. 두 사람은 매우 가난했다. 어느 해 연말에 할아버지는 떡과 된장을 살 돈을 마련하기 위해 마을로 삿갓을 팔러 갔다. 그런데 밖에는 심한 눈보라가 몰아쳐 삿갓은 한 개도 팔리지 않았다. 시장을 찾은 사람들은 정월 음식을 장만하는 데에만 신경을 쓰고 삿갓 따위에는 눈길도 주지 않았다. 장사를 포기한 할아버지는 힘없이 집으로 돌아가다가 우연히 지장보살상들을 보았다.

"이런, 지장보살님들이 이렇게 추운 날에 눈보라를 맞고 서 계시다니. 이분들에게 씌워드리고 가야겠다. 삿갓을 씌워드리면 추위가 좀 가시겠지."

할아버지는 지장보살상의 머리에 삿갓을 씌워주고 합장인사를 한 뒤에 다시 길을 재촉하여 집으로 돌아갔다. 그 이야기를 들은 할머니도 아주 기뻐하며 말했다.

"영감, 정말 잘했어요. 지장보살님도 틀림없이 기뻐하실 거예요. 잘하셨어요."

이윽고 섣달그믐날 밤이 되었다. 할아버지와 할머니는 찬밥을 먹고 일찌감치 잠자리에 들었는데, 얼마 지나지 않아 밖에서 누군가 부르는 소리가 들렸다. 깜짝 놀란 할아버지와 할머니가 자리에서 일어나 밖을 내다보니, 여섯 명의 지장보살님이 문 앞에 서 있는 것이 아닌가. 그들이 토방 문을 열고 들어오더니 커다란 자루 여섯 개를 던져놓고 사라졌다. 자루 안에는 돈과 쌀, 된장, 고기 등이 가득 들어있었다. 할아버지와 할머니는 지장보살의 자비 덕분에 풍성한 정월 초하루를 보냈다.

어린 시절에 한두 번은 들어본 적이 있는 흔한 이야기이다.

이 이야기는 일반적으로 사리사욕을 버리고 부처님을 공경하면 복이 온다는 불교적인 해석으로 들리겠지만, 머피의 법칙이라는 관점에서는 다른 사람에게 사랑과 선을 베풀면 언젠가 그 보답을 받는다고 해석할 수도 있다. 즉, 다른 사람이 기뻐할 수 있는 일을 먼저 실행하면 그 사람의 행복이 될 뿐 아니라 자신도 행복해진다. 다른 사람을 친절하게 대하거나 도와주는 행위는 바로 자기를 위한 행위이다. 기쁨을 주는 행위를 되풀이하면 그만큼 우주은행에 예금이 쌓이고, 그 예금 액수가 많으면 많을수록 당신의 금전운도 향상된다.

인정은 다른 사람을 위한 것이 아니라 자신을 위한 것이다. 다른 사람에게 기쁨을 주는 마음이 없으면 재산이 늘어가기는 어렵다. 행운이나 재산, 성공이란 그 자체에 무엇이 있는 것이 아니다. 다시 말해, 행운이나 성공이란 좇아가서 움켜쥘 수 있는 성질의 것이 아니다. 사람을 매개로, 또 사람에 의해서 도모되는 것이 행운이고 성공이다.

성공하는 사람들의 생각과 실행법칙

타인에게 베푼 기쁨은 당신의 내부에 존재하는 보물창고에 예금으로 쌓인다. 그것이 결국 당신을 행복으로 이끈다. 하늘의 보물창고는 당신이 그 안에 저장한 것이 무엇이든 반드시 보답으로 돌아온다. 풍요로운 삶을 바란다면 우선 그 보물창고에 투자하라.

지혜를 짜내려고 애쓰기보다는
먼저 성실하라

늘 생각하고 늘 행동하라

사람이 지혜가 부족해서 일에 실패하는 경우는 드물다. 사람에게 늘 부족한 것은 성실이다. 성실하면 지혜도 생기지만 성실하지 못하면 있는 지혜도 흐려진다.

성공하기 위해서 오래 인내하기보다는 눈부신 노력을 하는 편이 쉽다.

성공하는 데는 두 가지 길밖에 없다. 하나는 자신의 성실, 다른 하나는 타인의 어리석음.

프랑스에 이런 속담이 있다.

"달걀을 깨지 않으면 오믈렛을 만들 수 없다."

제1장에서도 설명했지만, 복권에 당첨되기 위해서는 복권을 사

러 가는 행동이 먼저 뒤따라야 한다. 만약 복권을 사러 가는 행동을 게을리한다면 일확천금의 기회는 다른 사람에게 넘어가 버릴지도 모른다.

금전적인 여력이 풍부하여 언제든지 맘만 먹으면 해외여행을 떠날 수 있는 사람의 경우도 마찬가지이다. 사진 찍고 여권을 만드는 것을 귀찮게 생각하는 사람은 영원히 공항을 빠져나갈 수 없다.

내가 알고 있는 작가 중에 Y라는 사람이 있다.

그는 원래 대기업에 근무하는 샐러리맨이었다. 하지만 20대 후반에 자신의 인생을 월급쟁이로 끝낼 수는 없다는 판단에 작가가 되기로 결심한다. 그래서 회사를 오가는 전철 안에서 소설의 줄거리를 생각하거나 집에 돌아와서는 방에 틀어박혀 매일 한두 시간씩 원고를 집필했다. 연말연시나 연휴 같은 장기휴가 때에는 식사 시간까지도 아껴가면서 아침부터 저녁까지 열심히 글을 써댔다.

또 30세가 지난 이후에는 컴퓨터도 공부하기 시작했다. 컴퓨터를 배우면 글 쓰는 시간을 크게 단축할 수 있고 가필이나 수정을 하는 작업도 간단히 끝낼 수 있다고 생각했기 때문이다. 이렇게 노력한 보람으로 그는 35세에 작가로서 성공적으로 데뷔하여 명성을 얻고 수입도 늘렸다.

당신의 경우는 어떤가?

장래에 어떤 모습으로 살아갈 것인가에 대한 확실한 꿈과 신념을 가지고 매일 열심히 노력하는 태도는 정말 아름답다고 생각하지 않는가.

당신의 꿈과 당신의 신념, 그리고 하루하루의 노력과 행동이 삼위일체가 되었을 때, 당신의 인생은 당신이 바라는 방향으로 전개된다.

성공하는 사람들의 생각과 실행법칙

늘 생각하고 늘 행동하라. 사고와 행동이 결합되면 당신의 운명이 바뀐다. 행동이 따르지 않는 생각보다는 생각 없는 행동이 오히려 낫다.

긍정적인 사고로
성공한 사람처럼 행동하라

성공한 것처럼 행동하면 당신은 이미 성공을 향해 나아가는 것이다

운과 불행은 드러난 사실이 아니라, 그것을 느끼는 사람의 마음 속에 있다. 그러므로 '마치~인 것처럼', 즉 긍정적으로 행동하는 것만으로도 그 결과를 바꿀 수 있다.

'마치 당신이 두렵지 않은 것처럼' 행동하라. 그러면 당신은 두려움 없는 용감한 사람이 될 것이다. '마치 당신이 성공하고 있는 것처럼' 행동하라. 그러면 당신은 이미 성공을 향해 나아가는 것이다.

그렇다면, 마음을 긍정적인 상태로 유지하기 위해서는 무엇이 필요할까?

첫째, 인생을 활기차게 살 수 있는 꿈을 그려야 하고, 둘째, 할 수 있다는 굳은 신념을 강화해야 하며, 셋째, 행동능력을 높여야 한다.

그러나 이 세 가지 사항을 가슴 깊이 명심한다고 해도 인생이 반드시 순조롭게 진행되는 것은 아니다. 아무리 노력해도 좀처럼 상황이 호전되지 않거나 때로는 예상하지 못한 난관에 부딪히는 경우도 얼마든지 있다.

돈과 관련된 구체적인 문제를 예로 든다면 다음과 같은 경우를 생각할 수 있다.

"계약이 깨지는 바람에 회사 손해가 막대하다. 감봉처분을 내린다는군."

"경기가 나빠서 보너스가 나오지 않는다."

"구조조정 때문에 직장을 그만두어야 한다."

이런 심각한 사태를 만나게 되면 누구나 기분이 가라앉을 수밖에 없다. 그러나 머피는 우리에게 이렇게 경고한다.

"그런 때야말로 더욱 노력하여 밝게 생각하고 밝게 행동해야 한다."

인생에서 언뜻 불행해 보이는 일도 사실 지나고 보면 행운으로 귀결되는 경우가 많다.

앞에서 소개한 카운슬링회사의 사주인 I가 그 전형적인 예일 것이다. 그는 학창시절, 자신이 원하는 회사에 응시했다가 보기

좋게 미끄러지고 교토에 있는 작은 회사에 들어가게 되었다. 만약 그가 예전에 지원한 회사에 입사했더라면 그 후에 어떤 인생을 보내게 되었을까. 어쩌면 지금도 월급쟁이로 지내고 있을지 모른다.

포장이사 회사로 유명한 아트코포레이션의 창업자인 T도 예외는 아니다. 그때까지 부부가 함께 경영하고 있던 운수회사가 오일쇼크로 인하여 도산의 위기에 몰리자, 그들은 포장이사 회사로 전업을 했다. 만약 T부부의 운수회사가 순조롭게 운영되었더라면 오늘날 아트코포레이션의 발전은 있을 수 없었을지도 모를 일이다.

"구조조정으로 회사를 그만두게 되었다."

"큰 실수를 저질러 회사에서 쫓겨났다."

이런 상황에 놓였을 때야말로 보다 나은 여건의 회사에 전직할 수 있는 절호의 기회라거나 월급쟁이에서 벗어나 오너가 될 수 있는 좋은 기회라는 긍정적인 마음가짐으로 받아들일 수 있어야 한다.

중요한 것은 긍정적인 자세를 통해서 자신의 주변에 발생한 현상을 자신에게 유리한 방향으로 생각하는 태도이다. 그런 태도를 갖추면 위기가 기회로 바뀌고, 그리고 고민이 희망으로 전환 된다. 그뿐만이 아니다. 인생 그 자체가 즐겁고 활기에 넘치게 된다.

다음은 일상생활에서 맞닥뜨릴 수 있는 부정적인 상황을 긍정적인 자세나 태도 또는 인식으로 바꾸어 본 사례이다. 일상생활에서 참고하여 사용하기 바란다.

1) 많은 사람들 앞에서 연설을 해야 할 상황이다 ; 다른 사람들 앞에서 말을 잘할 수 있는 좋은 훈련이다.

2) 회사에서 컴퓨터로만 업무를 처리하라고 한다 ; 덕분에 컴퓨터에 대해서 많은 공부를 할 수 있게 되었다.

3) 엘리베이터가 고장이 나서 계단으로 올라가야 한다 ; 덕분에 하체 운동을 할 기회가 생겼다.

4) 무더운 여름날 외근을 나가야 한다 ; 땀이 날 것이고, 자연스럽게 다이어트를 할 수 있다.

5) 상사한테 꾸중을 들었다 ; 나에게 그만큼 신경을 쓰고 있다는 증거다.

6) 출장이 많아서 피곤하다 ; 일도 하고 구경도 하고 맛있는 것도 먹을 수 있어 좋다.

7) 지방으로 좌천을 당했다 ; 전원생활을 체험할 수 있는 좋은 기회다.

8) 실직 상태에서 재취직 자리를 도무지 구할 수 없다 ; 자기계발에만 전념할 수 있는 기회다.

9) 술을 마시지 못한다 ; 술을 마시는 돈으로 다른 일을 할 수 있다.

10) 국가자격시험에 떨어졌다 ; 덕분에 1년 더 공부할 수 있게 되었다.

11) 애인과 헤어졌다 ; 나에게 어울리는 상대는 따로 있는가 보다.

12) 감기에 걸려 누워있어야 할 형편이다 ; 이 기회에 편히 쉬라는 신의 신호다.

성공하는 사람들의 생각과 실행법칙

행복의 싹은 위기와 재난 속에 깃들여 있다. 문제를 해결하는 방법은 뜻밖의 기회에 찾아온다. 이제는 모든 것이 끝장이라는 식의 말은 절대로 입에 담지 말라.

자신을 왕처럼
소중하게 생각하라

자신을 가치 있는 사람,
칭찬과 존경을 받기에 충분한 인간이라고 생각하라

흔들리는 자신을 어떻게 해서든지 지탱하고 싶을 때는 어떻게 하는 것이 좋을까? 되고 싶은 사람의 인물상을 마음에 새긴다. 자신감에 넘치고, 결단력 있고, 유능하며, 침착한 사람이 되도록 확신하고 노력하라. 그리하여 두려워하는 '불안의 장벽'을 돌파하라.

앞에서, 낙천적인 발상으로 자신의 주변에서 발생하는 현상을 자신의 형편에 도움이 되는 긍정적인 방향으로 생각하면 위기가 기회로, 절망이 희망으로 전환된다고 설명했다. 그러나 이론적으로는 이해할 수 있어도 내용에 따라서는 부정적인 생각을 떨쳐버리기 어려운 경우도 있다.

"대학을 나오지 못했다. 그러니 출세하기는 글렀다."

"동료에 비해서 나는 능력이 한참 모자란다. 영업적인 수완이나 교섭 능력에서 그를 따라잡을 수가 없다."

"뚱뚱한 몸매, 짧은 다리, 외모 얘기만 나오면 부끄럽다."

이런 종류의 고민, 특히 자기혐오감 같은 열등감은 낙천적인 발상을 가지더라도 쉽게 해결되지 않는다. 그러나 이런 열등감은 대학을 나오지 않았다거나 몸이 약하다고 아무리 생각해도 해결되지 않는 문제들이다.

그렇다면 구체적으로 어떻게 해야 할까?

우선, 대학을 나오지 않았다거나 동료와 비교할 때 능력이 떨어진다는 문제 때문에 고민하는 사람은 시선을 자신의 개성 쪽으로 돌려 다음과 같이 생각하도록 노력한다.

"대학은 나오지 않았지만, 나는 국가자격증이 있다. 따라서, 절박할 때에 자격증을 이용한다."

"영업 능력에서는 그 친구를 따라잡을 수 없지만, 나는 글도 잘 쓰는 편이고 컴퓨터도 잘 다룬다."

즉, 다른 사람이 갖추고 있지 않은 자기만의 특기를 생각하는 것이다. 만약 그런 특기가 없다면 만들어야 한다. 이런 식으로 생각할 수 있다면, 다른 부분에서 남보다 뒤떨어진다는 콤플렉스에는 그다지 신경이 쓰이지 않을 것이다.

몸이 약해서 무리한 일을 할 수 없다는 사람도 마찬가지이다. 다른 사람과 비교하기 때문에 그런 비참한 생각이 드는 것이다. 오히려 몸이 약해서 자신의 건강에 늘 신경을 쓸 수 있으므로, 과로로 쓰러질 걱정은 없다고 생각하면 마음이 훨씬 편해질 것이다.

뚱뚱하고 다리가 짧아서 콤플렉스를 느끼는 사람도 마찬가지이다. 키가 크고 늘씬한 체형이 매력적이고 이성에게 인기가 있는 체형이라고 생각하기 때문에 열등감이나 자기혐오감에 사로잡히는 것이다. 그런 경우에도 자신의 체형을 좋아하는 이성도 많다거나, 키가 크고 늘씬한 체형을 모든 이성들이 좋아하는 것은 아니라고 인식하는 태도가 중요하다.

어떤 경우이든 핸디캡, 악조건, 콤플렉스를 유리한 방향으로 전환시켜 자신의 감정을 소중히 여겨야 한다. 그렇게 할 수 있는가 없는가에 따라 당신의 심리적 환경이 완전히 달라진다.

성공하는 사람들의 생각과 실행법칙

열등감이나 자기혐오감은 인간으로서의 정상적인 반응이다. 어떤 사람이든 이런 고민은 가지고 있다. 그러나 특정한 열등감이나 자기혐오감으로부터 벗어나지 못하는 이유는 자기를 통제하는 능력이 결여되어 있기 때문이다. 따라서 그런 의식을 떨쳐버릴 수 없는 경우에는 자신의 가장 자신 있는 부분으로 눈길을 돌려야 한다.

타인의 삶을 존중하고
상대를 먼저 배려하라

남을 먼저 받아들이면 모든 일이 수월해진다

세상에서 출세하는 데에는 두 가지 방법이 있다. 남을 딛고 올라서든가, 남의 충직한 발판이 되어 주는 것이다. 부자에게는 거지도 꼬이고 빈궁한 자에게는 친척도 떠나간다고 하지만, 돈이나 부보다는 사람과 사람의 관계라는 매개를 통해 성공과 부의 기회가 엮이는 법이다.

타인의 기분을 맞추는 것도 하나의 기술이다. 남을 먼저 받아들여라. 그러면 모든 것이 수월하다.

나는 심리카운슬러로 활동하면서, 머피의 법칙으로 대표되는 성공법칙에 관하여 오랫동안 연구했다. 그러자 사람들이 이런 질문을 해왔다.

"성공하기 위해서 가장 중요한 점이 무엇입니까?"

그러면 나는 망설이지 않고 자신 있게 사람들에게 이렇게 대답해 준다.

"다른 사람의 삶을 존중하고 원활한 인간관계를 만들고 사람들과의 유대관계를 소중하게 여기는 것이 무엇보다 좋지 않겠습니까!"

이 말에 반감을 느끼는 분도 있을지 모르지만 내 경험을 통해서 생각해 보면 이것은 틀림없는 사실이다.

내 경우, 진보와 발전의 계기가 된 기회 또는 이 책의 주제인 금전운이 향상된 기회는 그 형태가 어떤 것이든 사람이 매개체가 되어 찾아왔기 때문이다. 여기에서 내 자신의 경험담을 소개해보기로 하자.

지금부터 약 10여 년 전에 나는 아는 사람의 소개로 프리랜서로 일하는 S라는 편집자를 알게 되었다. 그 이후, 1년에 몇 번 정도 함께 식사하는 사이로 발전했는데 언젠가 연애에 관한 상담을 받은 적이 있었다. 짝사랑하는 여자가 있어서 일이 손에 잡히지 않는다는 것이었다.

나는 그를 위해 나름대로 최선을 다해 충고해주었다. 그리고 반 년 후, 내 충고가 효과가 있었는지 S가 고민하던 문제는 무난히 해결되었다.

이 책의 주제가 아니기 때문에 내가 그에게 충고해주었던 구체적인 이야기는 생략하지만, 짝사랑하던 그녀의 마음을 사로잡는 데에 성공한 것이다.

그 일이 계기가 되어 S와는 전보다 더 친해지게 되었는데, 언젠가 여느 때와 마찬가지로 식사를 할 때 내가 우연히 이런 말을 하였다.

"운명적인 사랑을 주제로 해서 책을 한 권 출판할까 생각 중입니다."

그러자 그가 바로 이렇게 말했다.

"아, 그렇습니까? 그렇다면 내가 잘 아는 출판사를 소개해드리겠습니다. 오늘 사무실로 돌아가면 즉시 그 출판사에 연락하겠습니다."

그 말을 듣고 나는 깜짝 놀랐다. 그가 언급한 출판사는 수많은 베스트셀러를 냈기 때문에 기회가 있으면 나도 그 출판사에서 책을 내고 싶었기 때문이다. 어쨌든 S의 소개로 그 출판사에서 책을 내었고 그 책은 호평을 받았다.

이것은 한 예에 지나지 않는다. 내 경우, 나 자신의 노력이나 재능 이외에 다른 사람의 능력 덕분에 꽤 많은 기회를 붙잡을 수 있었다. 그렇기 때문에 다른 사람과의 유대관계가 얼마나 소중한 것인지 나는 잘 알고 있다.

또한, 양호한 유대관계를 형성하려면 상대방의 삶을 존중하고 가치관이나 인간성을 인정할 줄 알아야 한다. 그 구체적인 방법에 대해서는 제5장에서 설명하겠지만, 그렇게만 할 수 있다면 사람들은 당신을 그냥 내버려두지 않고 여러 가지 형태로 기회를 제공해 줄 것이다.

성공하는 사람들의 생각과 실행법칙

돈이 필요하다면 우선 인간관계를 소중히 여겨라. 그러면 돈은 저절로 따라온다. 성공한 사람들은 모두 이 진리를 피부로 느끼며 터득한 사람들이다.

불쾌한 말을
입에 주워 담지 말라

불평불만과 잔소리가 많은 자는 잃는 것도 많다

불쾌한 잔소리 한 마디 한 마디는 자신의 무덤을 한 삽 한 삽 파는 것과 다름 아니다. 그 무덤에 들어가기도 전에 파낸 흙에 먼저 묻힌다.

"부정적인 심리상태를 자각하고 개선하는 것은 매우 어려운 일이다. 그러나 분명히, 누구나 머피의 황금률을 깨달으면 마음을 보다 확실하게 긍정적인 방향으로 개선할 수 있다."

앞에서 이런 정의를 바탕으로 긍정적인 마음을 갖추는 방법에 대해 설명했지만, 여기에서 우선적으로 점검해야 할 사항이 있다. 그것은 바로 '말투', 즉 말하는 버릇이다.

마음이 안정되면 말투도 상냥하고 부드러워진다. 문제는 초조하거나 기분이 나쁜 상태일 때이다. 이럴 때일수록 '피곤하다, 지쳤다, 시시하다, 할 수 없다, 괴롭다, 화가 난다' 등의 부정적인 감정을 표현하는 말은 입에 담지 않도록 주의해야 한다. 부정적인 감정을 말로 표현하면, 이것은 자신의 귀를 통하여 마음속으로 들어가 부정적인 암시로서 잠재의식에 입력되고 그 결과는 더욱 나쁜 현상으로 나타나기 때문이다.

"두려워하는 바로 그것이 현실로 드러난다. 나쁜 일을 생각하면 나쁜 현상이 발생한다. 불평은 불행을 부르는 주문이다. 절대로 입에 담지 말라."

핵심을 찌르는 말이다. 예를 들어, 나는 프리랜서들에게 이런 말을 자주 한다.

"사업상 만나는 상대 앞에서는 절대로 돈이 없다는 말을 입에 담지 마십시오. 그런 말을 하면 일은 더욱 줄어들고 돈도 당연히 들어오지 않습니다."

이런 말을 하는 데에는 그만한 이유가 있다.

회사의 입장에서 돈이 없다는 말을 들으면 능력이 없으니까 돈이 없는 것 아닌가 하고 생각하여 경계심을 가진다. 즉, 처음에 다른 사람에 대한 자신의 불행이나 분노, 질투를 표현함으로써 작은 만족감을 얻고 싶어서 시작한 불평이, 듣는 사람의 입장에서는 말하는 이의 이미지를 형성하게 하는 구실로 작용하기 때문이다.

당신은 항상 부정적인 말만 사용하고 있지는 않은가? 만약 마음에 짚이는 점이 있다면 오늘부터 당장 개선할 수 있도록 노력하라. 물론 말은 쉽고 행동은 어렵다. 하루아침에 잘 될 리는 만무하다. 저항감을 느낄 수도 있다. 그러나 사고방식이나 행동까지 바꾸지 않는다고 해도 말투는 얼마든지 바꿀 수가 있다. 마음속으로는 다른 생각을 해도 괜찮다. 단, 자기를 비롯한 모든 사람이 들어서 기분이 좋은 말을 할 수 있도록 노력하는 것으로 충분하다.

"나는 항상 유쾌하고 활기 넘치는 사람이다."

"그 사람이 맘에 든다. 그 사람과는 뜻이 잘 맞을 것 같다."

"하루하루가 즐겁다. 이것이 행복 아닌가!"

"나의 미래는 밝은 장밋빛이다."

이런 긍정적인 말투가 습관이 되면 사고방식이나 행동도 자연스럽게 바뀔 것이다.

성공하는 사람들의 생각과 실행법칙

당신의 말은 사고방식이나 행동과 같은 수준의 가치를 가지고 있다. 사고방식에 근거하여 행동하는 것도 중요하지만, 말은 그 이상으로 중요하다. 말에는 당신의 인생을 180도 바꿀 수 있는 힘이 깃들여 있다.

돈이 왜 필요한지
목적을 명확히 하라

지나치게 돈에 집착하면 돈을 모으기도, 모은 돈을 갖고 있기도 어렵다

돈에 너무 집착하지 마라. 그렇게 되면 돈을 벌기도 어렵거니와, 번 돈을 내 것으로 만들기도 힘들어진다. 돈을 벌거나 모으려면 우선 돈을 편하게 생각해야 한다. 돈을 거북하게 느낀다면 의식적으로든 무의식적으로든 결국 돈을 안 가지는 쪽으로 해결을 보려 들게 된다.

돈이 필요하다면 우선 그 돈이 왜 필요한 것인지 이유를 분명히 해야 한다. 그래서 몇 번이나 강조하지만, 단순히 돈만을 목적으로 삼는 것이 아니라 장래에 어떤 삶을 살겠다거나 어떤 사람이 되고 싶다는 꿈을 설정하는 것이 중요하다.

그러나 여기에서 주의해야 할 점은 갑작스럽게 너무 큰 꿈을 설정해서는 안 된다는 것이다. 지나치게 큰 꿈을 세우면, 이를 진행시키면서 수많은 난관에 부딪힐 경우에 '역시나 내게는 무리였다'라고 자포자기할 수도 있고 어떤 식으로 그 꿈을 실현시켜야 좋을지 판단이 서지 않을 수도 있기 때문이다.

더불어, 그 꿈을 이루는 데에 수십 년이 걸리는 것도 좋지 않다. 자세한 내용은 뒤에서 설명하겠지만, 인생에는 궤도를 수정해야 할 상황이 존재하기 때문에 한 가지 꿈에만 너무 지나치게 집착하거나 매달리면 인생이 오히려 힘들고 불행해지는 경우도 있기 때문이다.

따라서, 우선 빠른 시일 안에 달성할 수 있는 가벼운 꿈을 설정하는 것이 좋다. 그렇게 해야 구체적인 계획을 세울 수 있고, 무엇보다 그 꿈을 실현시키기 위하여 의욕적으로 노력할 수도 있으며, 삶의 보람을 창조하기 위하여 최선을 경주할 것이기 때문이다.

그리고 꿈은 가능하다면 구체적이고 현실적으로 설정하는 것이 좋다.

예를 들어, 당신에게 자기 집을 사고 싶다는 꿈이 있다면 그것이 아파트인지 아니면 단독주택인지, 부지는 몇 평 정도를 원하는지 등 이상적으로 생각하는 자기 집의 모습을 명확히 해야 한다.

해외여행을 바라는 사람도 마찬가지이다. 유럽에 가고 싶은 것인지, 미국에 가고 싶은 것인지, 또 유럽이라면 파리인지, 로마인지 등 가능하면 구체적으로 설정해야 한다.

　이런 식으로 설정하게 되면, 어떻게 해서든지 그 꿈을 실현시키겠다는 의욕이 강화되기 때문에 잠재의식에 입력되는 상념의 강도도 한층 강화된다.

성공하는 사람들의 생각과 실행법칙

무엇인가를 얻고 싶다면 우선 그것을 추구한다. 추구한다는 것은 막연히 그것을 가지고 싶다고 생각하는 것이 아니다. 좀 더 구체적으로 강렬하게 생각해야 하며 그 생각을 지속시켜야 한다. 이런 태도를 갖춘다면 손에 넣지 못할 것은 아무것도 없다.

돈은 목적이 아니라 수단으로 생각하라

돈은 인생을 어지럽히는 악의 근원이며 마약과 같은 것이다

돈은 사람을 타락시키는 모든 악의 근원이다. 그러나 악의 근원은 돈 그 자체가 아니라 돈에 대한 집착이다. 그렇듯이 돈처럼 양면적인 것도 없다. 아주 훌륭한 하인 노릇을 하는가 하면 가장 무서운 주인 노릇도 한다

영국의 어느 철학자가 말했다.

"돈은 사람을 타락시키는 모든 악의 근원이며, 인생을 어지럽히는 마약과 같은 것이다."

돈은 분명히 사람을 타락시키는 측면이 있다. 사기를 이용한 상술, 뇌물수수, 유괴, 보험금을 노린 살인 등의 범죄는 거의 백 퍼센트 돈이 그 동기이기 때문이다. 그렇다고 해서 이 철학자의 말처

럼 전적으로 돈이 악이고 원수라고 할 수는 없다. 만약 이 철학자의 말이 옳다면 돈과 부를 원하는 사람은 모두 타락하고 싶어 한다고, 어지러운 인생을 보내고 싶어 한다고 해야 하기 때문이다. 그러나 대부분의 사람들은 향상이나 발전을 기대하는 것이지 타락을 원하지는 않는다. 그렇다면 대체 어디에 문제가 있는 것일까?

"돈에는 영혼도 없고 정신도 없다. 모든 문제는 그것을 다루는 사람의 마음에 있다. 돈을 바라보고 이용하는 사람의 마음에 따라 돈은 천사로도 보이고 악마로도 보인다."

머피는 돈이 꿈의 실현이나 삶의 보람의 창조에 빼놓을 수 없는 존재라는 인식을 가지고 어디까지나 인도적인 방법으로 그것을 얻는 태도가 중요하다는 점을 지적하고 있다.

"돈은 수단이지 목적이 아니다. 꿈이나 소원을 실현하기 위해 빼놓을 수 없는 '도구'에 지나지 않는다."

맞는 말이다. 트로이 유적의 발굴로 잘 알려진 슐리망도 돈에 대하여 같은 정의를 내렸다. '돈은 욕구를 충족시키거나 사물을 얻기 위한 수단의 상징'이라고. 실제로 슐리망은 어린 시절부터 트로이의 유적을 발굴하고 싶다는 거대한 꿈을 가지고 있었다. 이후에 사업에 크게 성공하여 유적 발굴에 필요한 부를 구축하였다. 만약 그가 돈만을 목적으로 삼았었다면 그 후의 인생은 전혀 다르게 전개되었을 것이다. 극단적으로 표현한다면, 거부를 구축하는 것조차 불가능했을지도 모른다.

그렇다면 우리는 돈 그 자체를 바랄 것이 아니라 우선 꿈을 명확히 할 필요가 있다. 돈이 필요하다면 그 돈이 왜 필요한 것인지, 그 돈을 어디에 쓸 것인지, 그 목적과 이유를 명확히 하고 추구하는 것이 무엇보다도 필요하다.

돈을 죄악의 근원으로 보는 마음으로는 돈에 다가가지 못한다. 마찬가지로 돈이 목적이 된다면 돈을 버는 당신 자신이 수단이 되고 다른 모든 사람도 역시 수단으로밖에는 보이지 않는다. 돈은 당신이 땅을 판다고 거기에 묻혀있는 것이 아니다. 돈이란 사람들의 약속이기 때문에, 그 약속이 무너지면 하루아침에 쇠붙이나 종이 쪼가리가 되어버린다. 그러므로 그 약속을 믿는 사람들과 더불어 삶의 목적과 가치를 이루는 하나의 수단이 돈이라는 인식이 필요하다.

돈을 다루는 사람들의 마음을 먼저 헤아려보면 돈이 어디로 어떻게 가는지 보일 것이다.

성공하는 사람들의 생각과 실행법칙

돈에 대한 올바른 마음가짐은 돈을 사랑하는 것이다. 돈을 사랑한다는 것은 돈이 꿈의 실현이나 삶의 보람을 창조해주는 중개 역할을 담당해준다고 인식하는 것이며, 정당한 수단으로 그것을 얻으려는 것이다.

강렬한 욕구를 일으키는 꿈으로 잠재의식을 자극하라

적당한 꿈이 가장 강렬한 실현 욕구를 자극한다

너무 먼 앞을 내다보는 꿈도, 너무 가까이 설정한 꿈도 다 허망할 수 있다. 멀리에 있는 과녁을 조준한 화살은 미풍에도 엉뚱하게 빗나가고, 너무 가까이 있는 과녁은 활을 힘껏 당길 수도 없기 때문이다.

돈을 벌고 싶다면 첫째로 꿈을 설정할 것, 둘째로 열심히 노력했을 경우에 몇 년 안에 실현이 가능한지를 설정할 것, 셋째로 그 내용을 구체적으로 설정할 것 등을 설명했다. 그러나 세부적으로 들어가서 특히 주의하고 간과해서는 안 되는, 그러니까 처음부터 아예 꾸지 말아야 할 꿈들이 있다.

우선, 다른 사람과 비교해서 꿈을 설정하는 것은 좋지 않다. 이런 꿈들은 당신이 진심으로 바라는 것이 아니라 다른 사람에 대한 질투나 선망이라는 감정이 앞서 있기 때문이다. 그 전형적인 예가 다음과 같은 발상이다.

"그 녀석도 독립해서 성공했는데 나라고 못할 것 없지."

만약 당신이 이러한 동기로 직장을 그만둘 생각이라면 자기의 일을 소홀히 할 것이므로 이 같은 생각은 일찌감치 포기하는 것이 좋다. 사람은 각자 얼굴 생김새가 다르듯 질적으로도 차이가 있다. 기업가로서의 적성을 갖춘 사람도 있고, 샐러리맨으로서의 적성을 갖춘 사람도 있다. 설령 기업가로서의 적성을 갖추었다 하더라도 사람들을 통솔하면서 집단적인 경쟁을 잘 유도하는 사람이 있고, 프리랜서처럼 독립적인 타입의 일에 맞는 사람이 따로 있다. 그러므로 발전이나 성공과 관련한 꿈을 설정하는 경우에는 자신의 개성이나 천직을 간파하는 것이 중요하다.

다음으로, 다른 사람에게 자랑하고 싶다거나 과시하고 싶다는 동기에서 비롯된 꿈도 바람직하지 않다. 그 전형적인 예가 다음과 같은 사고방식이다.

"출세해서 주위 사람들로부터 존경받고 싶다."

"이 브랜드 상품은 정말 귀한 것인데, 친구들한테 자랑이나 해 볼까."

"이 자동차가 있으면 여자들에게 인기가 좋을 거야."

만약 당신이 이런 생각을 가지고 있다면, 즉시 마음을 바꾸도록 하라. 이런 생각은 다른 사람의 지위나 명예, 소유물과 비교하는 우열의식에 불과하기 때문에 애환이 되풀이될 뿐, 아무리 오랜 시간이 지나도 평안과 행복을 얻을 수 없기 때문이다. 상품, 특히 브랜드 상품이나 자동차는 계속 새로운 스타일과 기능을 갖춘 것이 등장한다. 그것을 손에 넣는 순간에는 다른 사람에게 자랑할 수 있을지 몰라도 반년 정도만 지나면 그 가치가 떨어진다. 물론 그때마다 새로운 물건을 구입하면 된다고 생각하는 사람도 있겠지만 그야말로 어리석은 행동이 아닐 수 없다.

새로운 물건을 가지고 싶다는 충동에 얽매일 때마다 그것들을 구입한다면 돈이 모일 이유도 없을 것이다. 독신으로 사는 남녀들 중에 돈이 없다고 한탄하는 사람들은 대부분 이런 악순환을 되풀이하는 경우가 많다.

마지막으로 이것이 가장 중요한 점인데, 꿈이나 소망은 삶의 보람의 창조와 연결되어야만 의미를 가진다. 바꾸어 말하면, 자기만의 기쁨을 충족시킬 수 있어야 한다는 의미이다. 하지만 그렇게 어려운 일도 아니다. 주변의 예를 인용한다면, 하와이로 여행을 떠나고 싶은 사람은 그것을 막연하게 생각만 하는 것이 아니라 자기가 무슨 이유 때문에 하와이에 가고 싶어 하는 것인지 냉정하게 생각해 보아야 한다.

남국의 상쾌한 바람을 맞으면서 골프를 즐기고 싶다거나, 해양 스포츠를 마음껏 즐기고 싶다는 식의 기쁨을 상정할 수 있다면 문제가 되지 않지만, 해외에 한 번도 가본 적이 없기 때문에 또는 와이키키에서 수영을 했다고 친구들에게 자랑하고 싶은 욕구에서 비롯된 꿈이라면 하루빨리 바꾸는 것이 좋다. 경쟁의식이나 허영만 앞세운 소망은 최선과 진심이 깃든 노력으로 추구되지 않기 때문이다. 또한, 진심으로 노력할 수 없다면 잠재의식에서도 그 노력에 진지하게 대응하지 않기 때문이다.

이상으로 주의할 점 세 가지 정도를 지적했는데, 중요한 것은 강렬한 욕구를 일으키는 꿈을 진심으로 설정해야 한다는 점이다. 그렇게만 할 수 있다면 나머지는 잠재의식이 당신이 바라는 방향으로 유도해줄 것이다.

성공하는 사람들의 생각과 실행법칙

잠재의식은 당신의 명령을 매우 충실하게 이행한다. 잠재의식에서는 겉치레나 거짓은 통용되지 않는다. 따라서 당신은 잠재의식에 항상 명확한 지시를 내려야 한다. 그렇게 하면 잠재의식은 당신이 모르는 장소에서 최선을 다해 활동하다가 적당한 기회를 통해서 당신의 꿈을 틀림없이 실현시켜 줄 것이다.

타고난 적성을 찾아 천직을 잡아라

자신의 적성에 맞는, 천직을 깨닫지 못한 사람은 행복하기 어렵다

인생에서 최대의 비극은 많은 사람들이 자기가 진정으로 하고 싶은 일이 무엇인지 알지 못하고 있다는 것이다. 단지 월급에 얽매어 일하고 있는 사람처럼 불쌍한 인간은 없다.

한 가지 꿈에 얽매이지 않고 인생의 궤도를 대폭 수정하여 성공을 거두는 예도 있다고 설명했는데, 그 이유를 설명하기 전에 나의 상담 사례를 소개하겠다. 지금부터 약 3년여 전에, 나는 S라는 40대 남성으로부터 이런 내용의 상담을 받은 적이 있었다.

"아직도 세무사자격시험에 합격하지 못했습니다. 앞으로 어떻게 해야 좋을지 모르겠습니다."

S는 국가자격시험을 취득하면 먹고사는 데에는 큰 불편이 없을

것이고, 독립하여 개업하기에도 좋을 거라고 생각하였다. 그래서 20대 중반부터 회계사사무실에 근무하면서 매년 세무사시험에 도전해왔지만, 그때마다 실패하여 40대에 들어선 당시에도 그 미련을 버리지 못하고 있었다.

"올해에는 반드시 합격하겠다는 생각으로 열심히 공부했지만 나이가 들면서 기억력도 떨어지고 마음만 초조해집니다. 전직을 하고 싶어도 이 나이에 다른 직장으로 옮긴다는 것이 불안하기만 합니다."

이렇게 한탄하는 S의 이야기를 듣는 동안에 나는 한 가지 중대한 사실을 깨달았다. S에게 세무사는 천직이 아니라는 것이었다. 사실 그는 학창시절부터 그림을 그리거나 글을 쓰는 것을 좋아하여 한때는 매스컴 분야의 직업을 목표로 삼았지만, 국가자격시험에 합격하면 나중에 유리하다는 단순한 이유만으로 진로를 바꾸었던 것이다.

또한 S의 경우에는 숫자와의 싸움을 근본적으로 좋아하지 않았다. 좋아하지 않는 이상, 아무리 열심히 공부하려 해도 집중이 될수 없었던 것이다. 그리고 계속 실패하다 보니 마음만 초조할 뿐 악순환이 되풀이되고 있었다. 그래서 나는 S에게 천직을 깨닫고 궤도를 수정하는 중요성을 설명해주면서 마음속으로 이렇게 중얼거렸다.

"지금도 결코 늦지는 않지만, 그러나 조금만 더 젊었더라면 좋았을 텐데."

이 이야기는 결코 남의 이야기가 아니다. 앞에서 발전이나 성공과 밀접히 관련되는 꿈을 설정할 때에는 자신의 개성이나 천직을 소홀히 여기지 말아야 한다고 말했다. 자신의 개성이나 천직을 소홀히 여기면 위의 예와 같이 안타깝고 터무니없는 결과를 낳을 수 있으므로 주의해야 한다.

"평생 열심히 일을 했지만 출세하고는 인연이 없다."

"능력을 발휘할 기회가 없다."

"영업실적이 오르지 않는다."

이런 불만을 수시로 느끼는 사람은 지금 하는 일이 천직인지 아닌지 판단해보고, 만약 천직이 아니라는 판단이 내려진다면 즉시 궤도를 수정해야 한다. 그리고 천직도 아닌데 한 가지 직종에만 얽매여 있으면 설사 꿈을 달성하는 시기를 설정한다고 해도 그 꿈을 실현시키기 어렵고, 그릇된 인생의 목표에 구속되어 생활할 수밖에 없기 때문에 시간이 흐를수록 자신의 생활에 불만을 느낄 뿐이다. 반대로 천직으로 알고 종사할 수 있다면 당신의 꿈은 시간이 흐를수록 실현 가능성이 높아질 것이다.

그렇다면 자신에게 맞는 천직은 어떻게 발견할 수 있을까? 여기에서는 포인트만을 짤막하게 열거해 보자.

1) 지금 꼭 하고 싶은 일.

2) 공부나 클럽활동, 놀이 등 학창 시절에 매우 좋아했던 일.

3) 가족여행이나 캠프, 스키 등 어린 시절의 즐거웠던 추억.

4) 수학, 영어, 작문, 미술 등 학창 시절에 자신이 있었던 과목.

5) 악기연주, 해외여행, 스포츠, 독서 등의 취미.

6) 지금 흥미를 느끼거나 관심이 있는 일.

7) 사람들 만나기를 좋아하는 성격.

8) 섬세하고 빈틈없는 성격에서의 장점.

여덟 가지 포인트를 열거했는데, 이 중에서 두 가지 정도가 자신에게 해당된다면 그것과 관련된 직종이 천직일 가능성이 매우 크다. 만약 세 가지 이상에 해당하는 것이 있다면 그것과 관련된 직종이 틀림없는 천직이라고 말할 수 있다. 단, 이것들은 어디까지나 기준일 뿐이다. 스스로 '이것이다!'라고 생각하는 직종에 종사하더라도 막상 일을 시작해보면 그렇지 않다고 느끼는 경우도 있을 수 있고, 반대로 그 일은 자기에게 맞지 않을 것이라고 느끼며 시작한 일이 뜻밖에 천직인 경우도 있다. 그러나 그중에는 자기의 천직이 무엇인지 도저히 판단할 수 없다는 사람도 있을 수 있다. 그런 사람은 제2단계의 체크 포인트를 보면서 다음과 같은 점들을 참고하도록 하자.

1) 지금 하는 일에 피로함이나 지루함을 느끼지 않는다.

2) 시간 가는 줄 모르고 열중할 수 있다.

3) 정열과 신념을 가지고 있다.

4) 실수하거나 실패해도 필요 이상으로 실망하지 않고 빠른 시일 안에 재기할 수 있다.

5) 향상심, 탐구심, 호기심, 창의력, 연구 의욕 등이 샘솟는다.

6) 상사로부터 칭찬을 자주 듣는다.

7) 하는 일에서 나름대로의 평가를 받는다.

이상의 내용 중에서 두 가지 이상의 항목에 해당된다면 당신은 기뻐해야 한다. 그 일은 당신에게 틀림없는 천직이며, 금전운 향상을 위한 거대한 '무기'가 될 수 있기 때문이다. 아니, 억만장자가 되는 것도 꿈만은 아니다.

성공하는 사람들의 생각과 실행법칙

우리 인간은 누구나 바닥을 알 수 없는 거대한 가능성을 가지고 태어났다. 그것을 이끌어내는 것이 '천직'이다. 억만장자가 되기 위한 자격을 아는가? 그것은 천직에 종사하는 것이다.

꿈을 달성하기 위한
목표치와 시기를 결정하라

잘못된 목표 설정은 성공해도 성취감을 느끼지 못한다

일단 성공을 했음에도 불구하고 그 성공에 대해 만족해하기는 커녕 허탈해하는 사람들을 가끔 볼 수 있다. 그것은 잘못된 목표 설정 때문이다. 선량한 목표란 실패해도 사람들의 칭송을 듣는 꿈을 말한다.

이제 꿈을 명확하게 했다면 다음에는 그 꿈을 달성하기 위해 필요한 목표액을 정해야 한다. 다시 해외여행의 예를 든다면, 유럽으로 또는 미국으로 가고 싶은 것인지 아니면 동남아시아로 가고 싶은 것인지, 일정은 2주일인지 아니면 1주일인지, 비행기는 1등석인지 2등석인지, 호텔은 어느 정도 수준을 선택할 것인지 등을 결정해야 한다.

이와 같이 세부적인 내용을 결정해야 예산, 즉 목표 금액을 결정할 수 있다.

이는 여행에서뿐만 아니라 모든 일에 있어서도 마찬가지이다.

예를 들어, 당신이 직장을 그만두고 개인사업을 하겠다는 꿈을 가지고 있다면 창업자금의 내역(사무실 계약금, 기기 설비비 등)이나 운영자금의 내역(임대료, 광열비, 통신비, 교제비, 잡비 등)을 명확히 해야 한다.

이렇게 해야 최소한 어느 정도의 돈이 필요한지 구체적인 금액을 결정할 수 있다.

목표 금액을 결정했다면 다음에는 언제까지 그 돈을 마련하겠다는 시기를 결정해야 한다. 그 시기를 결정하지 않으면 얼마 지나지 않아서 돈이 좀처럼 모이지 않는다고 조급해 할 것이기 때문이다.

이럴 경우 끓어오르던 정열과 신념이 시들고 모든 계획이 백지 상태로 되돌아가게 될 가능성이 높기 때문이기도 하다. 따라서 구체적으로 시기를 결정해두는 것이 중요하다.

"사업자금은 3년 안에 마련한다."

"새로 살 자동차의 계약금을 내년 여름까지는 어떻게든 만든다."

목표 기일을 정하면, 자신의 마음을 한곳으로 집중시키는 효과가 있다. 그리고 마음이 한곳으로 집중되면 그 진지함이 잠재의식에 전달되고 결국에는 잠재의식의 유도에 의해 뜻밖의 장소에서 돈이 들어오는 기회가 생기는 것이다. 그러나 그 기일까지 목표 금액이 반드시 마련된다는 보장은 없다. 인생에서 뜻하지 않은 장애물 때문에 그 기일을 연장할 수밖에 없는 경우는 얼마든지 있다.

그렇더라도 꿈을 포기하지 말고 끝까지 최선을 다해서 도전하는 태도가 중요하다. 또 당사자의 의지와는 반대로 잠재의식이 독자적인 판단을 내리는 경우도 있다.

"지금 이 상황에서 꿈이 이루어지는 것보다는 약간 늦추는 것이 이 사람에게 이익이 될 것이다."

이와 같은 판단으로 목표 달성의 시기가 연기되는 경우도 더러 있으므로 때로는 자연의 순리에 맡기는 것도 좋은 방법이 될 수 있다.

긍정적이고 낙천적인 사고방식과 노력이 행운을 알아보고, 행운을 부르는 사람들은 이런 식으로 말한다.

"이탈리아 여행을 반년 연기한 덕분에 멋진 상대를 만나 결혼했다."

"집을 2년 뒤에 산 덕분에 이전보다 훨씬 좋은 집을 살 수 있었다."

그러나 그중에는 예외도 있어, 한 가지 꿈에만 얽매이지 않고 궤도를 대폭 수정하여 성공을 거두는 예도 많이 있다. 당신의 계획은 당신이 생각하고 있는 최고의 계획보다 훨씬 멋진 것이기 때문이다.

그 점에 대해서는 다음에 설명하기로 한다.

성공하는 사람들의 생각과 실행법칙

정확한 목표 없이 성공의 여행을 떠나는 자는 실패한다. 목표 없이 일을 진행하는 사람은 기회가 와도 그 기회를 모르고, 준비가 안 되어 있으므로 실행할 수가 없다.

타고난 재능과 소질을
최대한 이끌어내라

천직에 종사하는 것이 거부에 이르는 지름길이다

절대 잊어서는 안 될 점은, 불필요한 인간은 이 세상에 한 명도 존재하지 않는다는 것이다. 인간은 저마다 다른 소질과 재능을 가지고 태어난다. 더구나 타고난 재능과 소질에는 한계가 없으므로 그것을 최대한 이끌어낼 수 있어야 한다.

천직을 깨닫고 거기에 종사하면 억만장자가 되는 것도 꿈만은 아니라고 설명했는데 이런 예는 얼마든지 들 수 있다.

예를 들면, 누구나 아는 혼다자동차의 창업자 혼다가 그 전형적인 경우이다. 혼다는 원래 자동차정비공장의 견습생에 지나지 않았다. 하지만 '부품을 조립하여 달리게 한다'라는 발상으로부터 천직을 깨닫고 독립하여 시작한 작은 공장을 세계적인 대기업으로 키웠다.

천직에 종사한다고 해서 모든 일이 순풍에 돛을 단 듯 순조롭게 진행되는 것만은 아니다. 인생에는 예상치 못한 사건이 얼마든지 일어나기 때문에, 때로는 노력한 만큼의 보답을 받을 수 없거나 불행한 시기가 이어지는 경우도 있다. 그러나 설령 수익과 연결되지 않는다 해도 천직은 포기하지 말아야 한다. 언젠가 뜻밖의 장소에서 뜻밖의 형태로 천직을 마음껏 살릴 수 있는 기회가 굴러 들어 오기 때문이다.

세계적인 액션 배우로 알려져 있는 일본인 배우 쇼 코스기가 그런 예에 해당한다.

코스기는 소년 시절부터 배우를 꿈꾸어 오다가 19세에 무일푼으로 혼자 미국으로 건너갔다. 그러나 아무런 연줄도 없이 무작정 미국으로 건너간 무명의 일본인이 스타가 된다는 것은 말 그대로 하늘의 별을 따는 것만큼이나 어려운 일이었다. 그래서 코스기는 레스토랑이나 세탁소 등에서 아르바이트를 하면서 엑스트라를 맡기도 하였다.

그런 그에게 뜻하지 않았던 기회가 찾아왔다. 그는 어린 시절부터 배운 가라테를 미국에서도 매일 연습했는데, 그 미국에서 가라테 붐이 인 것이다. 그는 도장에서 가라테를 가르치게 되면서부터 배우에 대한 의욕이 더욱 끓어올랐다.

'내게는 가라테가 천직인 것 같다. 그래, 가라테를 살릴 수 있는 액션 영화에 출연한다면 스타의 길도 결코 멀지 않다.'

이렇게 생각한 그는 가라테시합에서 우승하며 받은 수많은 트로피를 들고 영화사들을 직접 찾아다니며 자기를 홍보했다.

그 결과 두 번째의 기회가 그에게 찾아왔다. 미국에서 '닌자 붐'이 일게 되고, 닌자와 관련된 영화가 수없이 제작되기 시작한 것이다. 그리고 그중의 한 편에 응모한 그의 가라테 연기가 높은 점수를 받아 주연으로 발탁되기에 이른 것이다. 그리고 이 영화가 히트하고, 그는 액션 스타로서 성공했을 뿐 아니라 세계적으로 유명한 영화배우로 성장할 수 있었다.

이와 같이 천직은 언제 어디에서 꽃을 피우게 될지 모른다. 그렇기 때문에 어렵고 힘든 상황이 있더라도 자신의 천직을 더욱 계발할 수 있도록 노력을 게을리하지 말아야 한다. 또 설령 천직을 알 수 없다고 해도 당신만의 재능이나 특기를 살릴 수 있는 일에 종사한다면 그것이 천직이 되어 거대한 부의 기회를 움켜쥘 수 있다.

일과 관련된 꿈을 설정하는 경우, 이 천직을 얼마나 소중히 여기는가에 따라 그 이후의 전개가 완전히 달라진다.

"매상을 늘려 최고의 영업사원이 되고 싶다."

"장래에 이사가 되고 싶다."

"내 회사를 설립하여 사장이 되겠다."

이와 같은 꿈들은 자아를 실현하고자 하는 마음도 있지만, 꿈이 성취되면 금전적으로 풍요로워질 것이라고 확신하는 마음도 작용한다. 확실히 매상을 늘리면 성과급도 증가하고 획기적인 상품을 개발하면 나름대로의 보수를 얻을 수 있다. 출세도 마찬가지이다. 이사로 승진하면 많은 급료가 보장되고 기업가로 성공하면 샐러리맨이 평생 동안 벌 수 없는 돈을 짧은 기간 안에 벌 수 있으며 큰 명성을 얻을 수 있다.

그러나 이런 꿈을 실현시킨 사람들을 관찰해보면 모두 천직에 종사하고 있으며, 그와는 반대로 천직을 소홀히 여기는 사람은 성공을 거두지 못했다는 사실을 알 수 있다. 그러므로 우선 자신의 천직 또는 자기 특유의 능력이나 특기를 살린 다음에 소원을 설정하는 것이 중요하다.

'나는 교섭 능력이 뛰어나니까 장래에 변호사가 될 것이다.'

'글을 쓰기 시작하면 시간 가는 줄도 모르고 열중하니까 앞으로 작가가 되어 베스트셀러 소설을 써보겠다.'

'컴퓨터를 잘 다룰 수 있으니까 앞으로 획기적인 소프트웨어를 개발하겠다.'

이와 같이 자신의 꿈과 천직을 연결시킬 수만 있다면 아무리 조건이 나쁘다 해도 당신은 분명 성공할 수 있다. 그리고 천직인 그 일을 통하여 세상의 행복과 발전에 공헌하겠다는 숭고한 이념을 갖출 수 있으면 더욱 바랄 것이 없다.

'이 상품을 보급해서 인류의 생활을 편리하게 향상시키리라.'

'의사가 되어 많은 사람들의 생명을 구하고 싶다.'

'변호사가 되어 사람들의 고민을 해결해주고 싶다.'

'스트레스가 많은 현대인들의 마음의 상처를 치유해줄 수 있는 책을 펴내고 싶다.'

이런 사명감이 있는가 없는가에 따라 잠재의식의 작용에 많은 차이가 발생한다.

사회에 공헌하고 싶다거나 인류의 행복을 도모하고 싶다거나 어려운 이웃을 돕겠다는 생각을 가지고 있으면, 그 양심이 우주은행에 예금으로 쌓이게 되므로, 지위와 명예와 돈만 바라는 사람보다 훨씬 더 빨리 바람직한 반응을 기대할 수 있다. 실제로 거부를 이루어 성공한 사람들은 사회나 인류를 위해 밀알이 되겠다는 생각을 버리지 않았다.

"퍼스널컴퓨터를 누구나 간단히 조작할 수 있는 시스템을 구축하는 것이 하늘이 내게 부여해준 과제이며, 그것을 수행하는 것이 인류의 발전과 연결되는 것이라는 점을 나는 확신한다." (빌게이츠)

"인류의 행복은 정신적 안정과 물질적 풍요가 충족되어야 비로소 성립된다. 그렇다면 전기제품을 보급하는 나의 사명도 인생에서 매우 중요한 일이다." (마쓰시다)

"내가 연주하는 음악이 인류에게 피해를 끼치는 것이라면 나는 지금 당장 기타를 부숴버리겠다."(에릭 크랩튼)

자, 당신도 그들처럼 천직을 통하여 세상과 인류를 위해 공헌한다는 사명감을 가지고 일하는 것이 어떨까? 그렇게 할 수만 있다면 당신이 바라지 않더라도 돈은 저절로 당신에게 다가오게 될 것이다.

성공하는 사람들의 생각과 실행법칙

다른 사람의 행복을 축복하라. 그것은 동시에 당신 자신을 축복하는 것과 같다. 다른 사람의 기쁨이 자신의 기쁨과 연결되고 다른 사람의 행복이 자신의 행복과 연결된다고 생각할 때에만, 그리고 그것을 자신의 천직과 연결시킬 때만 당신에게 돈이 굴러들어 온다.

이루고 싶은 꿈과
성공의 자화상을 이미지화하라

이미지화는 창조적인 삶을 살아가는 데 있어서 중대한 원리이다

만일, 어떤 사람이 내내 실패하는 것만을 생각하고 있으면 그 사람의 인생은 그대로 될 것임에 틀림없다. 반대로 성공하는 것만을 상상하고 있으면, 같은 정도의 강력한 힘이 작용하여 그렇게 되어간다.

이미지화는 창조적인 인생을 보내는 데 있어서 중대한 원리이며, 또한 성공적인 삶의 영원한 테마이기도 하다. 이미지화는 우리들이 상상할 수 없는 그 어떤 식으로든 문제 해결이나 목표 달성으로의 문을 열어준다. 그러나 그 문이 열린다고 해도 꿈의 실현을 위해서는 단련이나 결의, 끈기가 필요하다.

꿈을 설정하고 목표 금액과 시기를 설정했다면 다음에는 드디어 잠재의식에 꿈을 입력해야 할 차례다. 그 가장 효과적인 방법으로 일상생활에 이미지트레이닝을 도입하기를 권한다. 물론 이미지트레이닝만으로 꿈이 이루어지지는 않겠지만 자신감이 생기고 행동능력이 고양되어 성공에 쉽게 이를 수 있다. 거기에 낙천적인 마음이나 애타심을 덧붙인다면 그 꿈은 확실하게 이루어진다.

이미지트레이닝은 이상적인 자신의 미래의 모습을 상상하는 것이다. 머피는 그 중요성에 대해 다음과 같이 설명했다.

"당신의 꿈이 이루어진 장면을 마음속으로 그려보면서 그것이 실제로 존재한다고 믿어라. 당신은 꿈이 이루어지는 기쁨을 체감할 수 있다. '마음의 영화법'이라고 한다."

이 이미지트레이닝에 의해 꿈을 실현시킨 사람은 아주 많다. 또 머피의 조사에 의하면 자동차 왕 헨리 포드, 석유 왕 록펠러 등의 실업가들도 이미지트레이닝으로써 사업 계획이 성공하는 상태를 생생하게 그려보았다고 한다. 이후 모두 금전운의 혜택이 뒤따랐다.

방법은 간단하다. 머피의 지적대로 꿈이 이루어지는 기쁜 장면을 상상하는 것만으로 충분하다. 단, 초보자의 경우에는 다음과 같은 방법을 이용하는 것이 좋다.

1) 꿈을 결정한다 ; 이것도 하고 싶고 저것도 하고 싶다는 식으로는 이미지트레이닝이 산만해진다. 그러므로 우선 어떻게 해서든

지 반드시 이루고 싶은 일을 두세 가지 정도만 설정하도록 한다.

2) 편안한 기분으로 실행한다 ; 마음과 몸을 안정시키면 뇌파가 알파파 상태가 되기 때문에 잠재의식에 상념을 입력하기가 훨씬 쉬어진다.

3) 가능하면 사실적으로 이미지화한다 ; '법무사사무소를 개설하여 간판을 거는 장면', '자신의 가게가 번성하여 손님들이 계산대 앞에 줄지어 서 있는 장면', '단독주택을 구입하여 거실에서 재즈를 들으며 애견과 장난을 하는 장면' 등으로 최대한 감정을 이입하면서 정말로 그렇게 된 것처럼 사실적으로 이미지화하는 태도가 중요하다. 해외 여행지나 자기 집 등 구체적인 장소를 이미지화하기 어려운 사람은 방 벽에 그와 관련된 사진이나 그림을 걸어 두는 것도 좋다.

4) 오감을 총동원하라 ; 이것은 절대조건은 아니지만 이미지트레이닝의 내용에 맞추어 개울물이 흐르는 소리나 새들이 지저귀는 소리 등이 수록된 카세트테이프나 숲의 향기가 나는 향불 등을 활용하면 효과가 한층 더 높아진다.

자, 당신도 이상의 포인트를 응용하여 이미지트레이닝을 마음껏 즐기도록 하라. 이미지트레이닝을 실행할 때마다 즐겁고 유쾌한 기분에 젖을 수 있다면 성공이다. 머피의 말대로 소원이 실현되는 것도 시간문제일 것이다.

앞에서 설명한 이미지트레이닝을 실행할 때의 시간대인데, 초보자의 경우에는 가능하면 밤에 잠들기 전에 실행하기를 권하고 싶다.

"잠재의식에 씨를 뿌리는 가장 좋은 때는 우리의 의식이 쉬고 있을 때, 근육이 풀린 상태일 때로 취침 전 당신의 마음이 평온할 때이다."

사람은 잠자리에 들면 현실에 대한 의식이 휴식상태로 들어가고 잠재의식만이 활동하기 때문에, 그 직전에 이미지트레이닝을 실행하면 잠재의식에 상념이 직접적으로 입력되기 쉽다.

"잠들기 전에 영국의 대학에 유학하여 학창생활을 즐기는 이미지를 상상하고 있었는데, 뜻하지 않게 삼촌이 재산을 물려주어 그 소원을 이루었다."

"이집트에 가서 피라미드를 보고 싶어서 잠들기 전에 그 장면을 이미지화했더니, 얼마 지나지 않아 당시에 다니던 직장보다 훨씬 더 좋은 직장에서 스카우트 제의가 들어왔다. 그 스카우트비 천만 원으로 이집트에 갈 수 있었다."

"별장에서 바캉스를 즐기는 장면을 이미지화했더니, 내가 번역한 책이 베스트셀러가 되어 거액의 인세가 들어왔다. 그 돈으로 별장을 구입했다."

이와 같이 이미지트레이닝 덕분에 뜻밖의 큰돈이 들어와 소원을 이룬 사람은 얼마든지 있다. 당신에게도 역시 그런 기회는 찾아온다. 사람은 누구나 하루에 한 번은 잠을 잔다. 그 직전의 시간을 효과적으로 활용하면 당신의 금전운은 시간이 흐를수록 나아질 것이다.

성공하는 사람들의 생각과 실행법칙

잠들기 전에 소원을 달성하는 방법을 잠재의식에 맡겨라. 잠재의식의 지혜는 당신이 잠들어 있는 동안에 그 방법을 발견하여 당신에게 완벽한 해답을 제시해준다. 이미지의 세계에서 마치 정말로 자신이 그런 상황에 놓여 있는 듯한 체험을 맛볼 수 있다면 현실적으로 그런 체험이 가능하다는 것을 성공한 부자들은 믿고 실행한다.

명확한 이미지트레이닝이
부의 기적을 불러온다

'마치 ~인 것처럼'이라는 원칙은 통하는 법이다

'마치 당신이 두렵지 않는 것처럼' 행동하라. 그러면 당신은 용감한 사람이 될 것이다. '마치 당신이 할 수 있는 것처럼' 행동하라. 그러면 당신은 할 수 있다는 것을 발견할 것이다. '마치 당신이 어떤 사람을 좋아하는 것처럼' 행동하라. 그러면 당신은 우정을 발견할 것이다.

그런데 꿈이 이루어져 기쁨에 젖어 있는 장면을 상상하는 것만이 이미지트레이닝은 아니다.

"좋은 이미지가 좀처럼 떠오르지 않는다."

"밤에 잠자리에 누우면 바로 잠이 들어버린다."

이런 사람들은 이미지트레이닝과 아울러 다음과 같은 방법을 실행해 보는 것이 좋다. 단, 모두 실행할 필요는 없다. 흥미나 관심이 느껴지는 것, 나름대로 간단히 할 수 있는 것을 두세 가지 채택하여 적당한 시간에 실행한다.

1) 그림으로 그린다 ; 자신의 꿈을 그림으로 그려 그것을 바라보면서 이상적인 장래의 모습을 이미지화하는 방법이다. 이미지트레이닝을 해도 좀처럼 좋은 이미지가 떠오르지 않는 사람에게 가장 적합하다. 다른 사람에게 보여줄 필요는 없으므로 그림은 못 그려도 상관이 없지만, 감정만은 최대한 이입시켜 이상적인 자신의 모습이나 바라는 물건을 손에 넣고서 기뻐하는 모습을 그린다.

2) 사진을 이용한다 ; 그림이 서툰 사람에게 적당한 방법이다. 파리로 여행하고 싶은 사람은 에펠탑이나 개선문의 사진을, 벤츠를 갖고 싶은 사람은 벤츠 자동차 사진을 눈에 잘 띄는 장소에 붙여두고 시간이 날 때마다 그것을 바라본다. 작은 사진이라면 지갑 속에 넣고 다니면서 틈날 때마다 보는 것도 한 가지 좋은 방법이다.

3) 컴퓨터를 이용한다 ; 디지털카메라나 스캐너 등을 이용하여 컴퓨터 화면으로 자신의 꿈이 이루어진 장면을 디자인하여 그것

을 프린트로 뽑아보는 것이다. 합성사진도 가능하고 얼마든지 수
정할 수 있기 때문에 컴퓨터 조작이 가능한 사람이라면 반드시 시
도해보기를 바란다. 이상적인 집이나 갖고 싶은 자동차를 타고 그
녀와 함께 드라이브를 즐기는 장면 등 자신만의 독창적인 장면을
창작해보자.

4) 소리로 듣는다 ; 자신이 바라는 꿈을 테이프에 입력하여 시간
이 날 때마다 그것을 듣는 방법이다. 자신이 입력한 목소리(꿈)를
되풀이하여 들으면, 그것이 자기암시에 의해서 잠재의식에 입력
될 뿐 아니라 신념의 강도까지 높여주기 때문에 일석이조의 효과
를 기대할 수 있다.

5) 큰 글씨로 써서 붙인다 ; 자신이 그리는 꿈을 종이에 써서 눈에
잘 띄는 곳에 붙여두고 자주 바라보는 방법이다. '사업자금 1억 원
확보!' '새 자동차 구입 계약금 천만 원!' 등으로 간결하고 명확하
며, 박력 있고 단정적인 말투로 작성하는 것이 좋다. 그렇게 해야
잠재의식에 직접적으로 각인되기 쉽다.

6) 이야기로 구성한다 ; 문장 실력이 뛰어난 사람이라면 꿈이 이
루어질 때까지의 해피엔드 스토리를 창작해보는 것도 좋다. 자신

이 주인공이 되어 원하는 돈을 손에 넣어 꿈을 실현시키기까지의 스토리를 쓰는 것이다. 이 또한 다른 사람에게 보여줄 필요는 없기 때문에 문장이 뛰어나야 할 필요는 없지만 가능하면 감정을 충분히 이입할 수 있도록 신경을 쓴다. 집필하는 도중에 자신이 만든 스토리에 도취된다면 더할 나위가 없다. 그것만으로도 상당한 양의 상념을 잠재의식에 입력할 수 있기 때문이다.

7) 거울을 들여다본다 ; 아침에 자리에서 일어나면 거울을 향해 이런 식으로 자신의 꿈을 몇 차례 반복하여 중얼거리는 방법이다. '방 세 개짜리 아파트를 반드시 구입한다.' '오스트레일리아의 대학에 반드시 유학한다.' 잠자리에서 일어났을 때에는 뇌파가 알파파 상태이기 때문에 잠재의식에 상념을 입력하기 쉽다는 이점이 있다.

8) 실제로 체험을 한다 ; 단독주택을 원하는 사람은 모델하우스에 가보고, 전원생활을 바라는 사람은 휴일에 하이킹 등을 이용하여 농촌으로 가보는 등, 자신의 소원과 관련된 장소를 찾아가 실질적인 체험을 해보는 방법이다. 현실적으로 이미지화할 수 없다거나 이미지가 떠오르지 않는다는 사람에게 권하고 싶은 방법이다.

이상으로 여덟 가지 방법을 소개했는데, 이 중에서 관심이 가거나 재미있는 방법이 있다면 즉시 활용하기 바란다. "꿈을 잠재의식화하려면 끊임없이 되풀이하라."라는 머피의 말처럼 이루고자 하는 꿈을 열렬히 생각하면 그 꿈이 실제로 실현된다.

무에서 세계 제일의 억만장자가 될 수 있었던 비결이 무엇이냐는 신문기자의 질문에, "나는 처음부터 내가 무한한 부를 공급해 줄 우주의 보물창고와 연결되어 있다는 사실을 알고 있었습니다. 나는 그곳으로부터 부를 끌어낸 것에 지나지 않습니다."라고 말한 헨리 포드의 에피소드는, 다시 말해서 포드는 자기가 언젠가는 반드시 성공할 것이라고 확신하고 있었다는 뜻으로 해석할 수 있다.

성공하는 사람들의 생각과 실행법칙

이 세상의 모든 장소에서, 남녀노소를 가리지 않고 기적이 발생한다는 사실을 나는 확신한다. 기적은 당신에게도 일어난다. 당신이 잠재의식의 마력을 이용하기만 한다면.

한 번뿐인 인생,
성공한 부자로 살고 싶다

지갑이 가벼우면 마음이 무겁다

돈은 악도 저주도 아니다. 돈은 사람을 축복한다. 그러나 금전은 바닥없는 바다 같아서 양심도 명예도 빠져서 떠오르지 않는다. 빈 자루가 똑바로 서기 어려운 것처럼, 가난한 사람의 경우 끊임없이 정직하게 지낸다는 것은 실로 어렵기 때문이다.

금전운이 따르게 하려면 마음을 긍정적인 상태로 유지해야 한다. 이 긍정적인 사고방식을 유지하기 위한 비결로 지금까지 머피의 황금률 여덟 가지를 설명했다.

1) 간절한 그리고 두려움 없는 꿈을 가져라.
2) 굳은 신념 그리고 두려움 없는 열정을 키워라.

3) 늘 생각하고 늘 행동하라.

4) 긍정적인 마음가짐으로 생각하고 행동하라.

5) 자신을 왕처럼 소중히 생각하라.

6) 타인의 삶을 존중하고 배려하라.

7) 사람들에게 사랑과 기쁨을 베풀라.

8) 불쾌한 말을 입에 주워 담지 말라.

이 내용들은 금전운을 향상시키기 위해 필요한 최소한의 조건일 뿐 충분한 조건은 아니다. 자동차운전을 예로 든다면, 당신은 이제야 비로소 코스시험을 통과하고 앞으로도 주행시험을 남겨놓은 셈이다.

또한 이 여덟 가지 내용을 소개해도 구체적으로 어떻게 해야 좋은 것인지, 무엇부터 손을 대야 좋을지 몰라 당황하는 사람도 있을 것이다. 코스시험을 통과했을 뿐인데, 갑자기 도로에서 시속 60킬로미터로 달리면서 차선을 변경하라는 지시를 받는 것과 같다. 따라서 이제부터는 다음 내용에 대해 설명하기로 한다.

'이 머피의 황금률을 실생활에서 어떻게 응용해야 하는가? 이 황금률 중에서 특별히 중요한 항목은 무엇인가? 이 황금률을 토대로 플러스 알파의 조건을 갖추려면 어떻게 해야 하는가?'

이 모든 내용들을 가슴에 새긴다면 당신은 부자자격증을 취득한 것이나 다름없다.

마지막으로 한 가지만 덧붙이자. 재산은 가지고 있는 자의 것이기보다는 즐기는 자의 것이라고 한다. 부를 얻고 행복을 잃을 때, 사람들은 그 부를 바로 악마의 저주라고 생각하고 멀리한다. 옛날 우리의 도덕이 그러하였다.

행복~. 행복한 사람에게는 행복의 공식이 아주 간단하다. 즉, 행복한 사람 또는 낙천적인 사람들은 오늘 아침 또는 내일 저녁, 1년 후에 무슨 일이 일어나든 바로 지금 이 순간 여기에 행복이 있다고 생각한다. 돈도 마찬가지이다. 그래서 남의 수중에 있는 돈 백 냥보다는 내 수중에 있는 한 냥이 낫다고 하지 않는가.

그러므로 지금 이 순간 여기에서부터 당장 시작해야 한다. 지금 이 순간 여기에서부터 당신이 노력한다는 것 자체를, 그리고 이 노력이 가져다줄 보상에 대하여 즐기며 나아가라. 당신의 꿈을 쫓아가는 이 지금의 과정에, 그리고 그것을 성취했을 때의 순간이 기쁨과 행복이 넘치도록 지금부터 당장 시작하도록 하라.

두려워할 것은 없다. 우리는 분명 할 수 있다는 것을 알고 있으며, 그 할 수 있는 바를 차근차근 해 나가는 그 과정 속에도 행복이 있다는 것을 알고 있기 때문이다. 이제 곧 당신은 현재의 순간에 몰두하면서 행복과 만족을 느끼는 자신을 발견하게 될 것이다.

미국의 시인 소로의 말로 이 장을 마무리하기로 하자.

"무엇보다도 우리에게는 현재 속에서 살지 않아도 될 여유가 없다. 과거를 기억하느라 흘러가는 삶의 순간을 허비하지 않는 사람만큼 큰 축복을 받은 사람은 없다."

미래는 예측할 수 있지만, 그리고 준비하는 자의 것임에는 틀림없지만, 어떻게 될지 그리고 무슨 일이 일어날지는 아무도 모른다. 어제도 내일도, 오늘이 있지 않으면 소용이 없을 뿐만 아니라 우리의 삶과 하나가 되지 않으면, 즉 자신이나 타인을 위해 즐겁지 않다면 부와 성공이 무슨 소용이겠는가.

그러므로 다시 한번 강조하지만, 지금 이 순간 여기에서부터, 이 글을 읽고 있는 지금 이 순간 여기에서부터 당장 시작해야 한다. 당장 시작하라!

성공하는 사람들의 생각과 실행법칙

무엇보다 먼저 분명한 목표를 정한다. 이 목표가 구체적이고도 확실한 것이 될 때까지 갈고 닦는다. 이 목표를 항상 마음속에 간직한다. 이 분명한 목표를 위해 능동적이고 긍정적으로 행동한다. 이것이 바로 성공의 길이다.

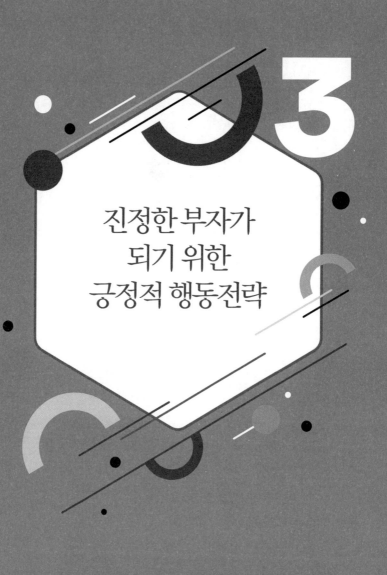

3

진정한 부자가
되기 위한
긍정적 행동전략

당신이 억만장자인지 구멍가게 점원인지는 그다지 중요하지 않다.
당신이 잘생겼는지, 좋은 교육을 받았는지, 유명한지,
혹은 그렇지 않은지도 중요하지 않다.
중요한 것은 바로 지금, 이 세상에 당신이 있다는 것,
사랑하는 법을 배우려 한다는 것. 그것으로 족하다.
당신도 이미 그것을 알고 있지 않은가.

- 스티브 비덜프

돈이 좋아하는 사람
돈이 싫어하는 사람

돈을 좋아하지 말라. 돈이 당신을 좋아하도록 길들여라

가지고 싶은 것을 사지 마라. 불필요한 것을 사면 필요한 것을 팔게 된다. 꼭 필요한 것만을 사는 사람들을 돈은 좋아한다.

지금까지 머피의 법칙을 토대로 부와 성공을 부르는 원칙과 전략에 관해 설명했다. 그러나 이러한 원칙과 전략을 알고 실천한다고 해도 한편으로 돈을 물 쓰듯 한다면 아무 소용이 없을 것이다. 평소에 검소한 생활에 매진하면서 꿈의 실현을 위해 노력하다가 기회가 찾아왔을 때, 마음껏 돈을 투자하는 것이 돈을 사용하는 올바른 방법이다.

실제로, 예로부터 부자로 불리는 사람, 특히 한 세대에 거부를 구축한 사람들은 절약의 대가들이었다. 미국의 석유왕 록펠러가 그 전형적인 예로, 이런 일화가 있다.

록펠러는 대부호가 된 이후에도 점심식사는 값이 싼 음식점에서 먹었다. 주문하는 음식도 가난했던 시절과 마찬가지였다. 단, 식사를 마치면 음식값 35센트 이외에 종업원들에게 15센트의 팁을 지불했다.

그러던 어느 날, 종업원이 내민 계산서에는 35센트가 아닌 45센트로 적혀 있었다. 록펠러는 바로 그를 불러 잘못을 지적하고 계산서를 다시 가져오게 했다. 그리고 그날 팁으로 15센트가 아니라 5센트를 주었다.

그러자 종업원이 이맛살을 찌푸리며 말했다.

"만약 제가 당신 같은 부자라면 10센트 정도는 아끼지 않을 겁니다."

그 말에 록펠러가 대답했다.

"만약 자네에게 10센트를 소중히 여기는 마음이 있었다면 이런 실수는 저지르지 않았을 거네. 아니, 그런 마음이 있었다면 지금쯤은 실업가로서 내가 주목하는 인물이 되어 있을 것이네."

그는 뒤도 돌아보지 않고 가게를 나왔다.

록펠러는 종업원에게 돈을 소홀히 여기면 돈이 들어오지 않으며, 업무도 소홀히 처리하면 성공할 수 없다는 점을 말하고 싶었던 것이다. 돈이 많이 들어온다고 해서 방만한 경영을 하면, 한때는 좋을지 몰라도 결국에는 파산하게 되어 있다. 반대로 록펠러 같은 거부가 되어서도 돈의 소중함을 잊지 않고 매일 절약하는 생활을 하며 적은 돈도 아낄 줄 아는 사람이 성공한다.

어떤 부잣집에 고용된 가정부는, 한 번 사용한 나무젓가락을 버리지 않고 깨끗이 씻어서 몇 번이나 사용하는 그 부자의 검소한 생활 태도에 깜짝 놀랐다고 한다. 그 정도로 검소한 생활을 하지 않으면 돈은 모이지 않는다. 부자로 불리는 사람들 대부분은 평소의 생활에서는 놀라울 정도로 검소한 절약 정신을 발휘한다.

예로부터 '10원'을 하찮게 여기는 사람은 '10원' 때문에 운다는 말이 있다. 혹시 지금까지 돈을 우습게 여기거나 낭비한 적이 있었다면 지금부터 돈에 대한 사고방식을 바꿔 돈을 소중히 여겨라. 그러면 돈은 그 사람을 좋아하게 되고 그 사람에게 자연스럽게 모이는 법이다.

성공하는 사람들의 생각과 실행법칙

원하는 만큼의 돈을 저축하지 못하는 이유는 그 사람이 마음속으로는 돈을 경멸하기 때문이다. 그러면 돈은 그 사람을 기피하고 그는 더욱 가난해질 수밖에 없다.

절약하는 사람
인색한 사람

이 세상에서 가장 부유한 사람은 절약가이다

가장 부유한 사람은 절약가이고, 가장 가난한 사람은 수전노이다. 재산은 가지고 있는 자의 것이 아니고, 그것을 즐기는 자의 것이기 때문이다.

절대 오해해서는 안 될 점이 인색한 것과 절약은 다르다는 것이다.

여기에서 인색한 생활과 검소한 생활의 차이를 간단히 설명해 두자. 우선 모든 곳에 돈을 아끼는 사람이 자린고비와 같이 인색한 사람이다. 이런 경우 확실히 지출이 줄어들기는 하지만, 중요할 때에도 돈을 투자할 줄 모르기 때문에 돈이 들어올 기회를 놓치거나 덕망을 잃게 되어 사람들로부터 기피를 당하고 결국에는 돈이 들어오지 않게 된다.

여기에 비하여, 절약이란 낭비를 줄이는 것이라고 말할 수 있겠다.

모든 곳에 돈을 아끼는 인색한 사람과는 달리 써야 할 데에는 아낌없이 투자를 하는 사람이 절약도 할 줄 안다. 특히 사람들에게 베풀며 덕망을 쌓는 사람에게 금전운이 따른다.

일본 전국시대의 무장이었던 구로다 죠스이의 일화를 소개해 보자.

어느 날, 어떤 무사가 구로다를 찾아와 전쟁비용을 빌려달라고 했다. 사정을 들은 구로다는 당시로서는 꽤 큰돈인 은 백 냥을 기분 좋게 빌려주었다. 무사는 몇 번이나 고맙다는 말을 남기고 돌아갔다.

이윽고 전쟁이 끝나자 무사는 구로다의 저택을 다시 찾아와 정중하게 예의를 갖추고 빌린 돈을 돌려주었다.

구로다가 함께 식사하기를 권했다.

"마침 잘됐네. 아는 사람이 잉어를 가져왔는데, 맛 좀 보고 가게."

그런데 밥상 위에 나온 국에는 잉어뼈만 들어 있었다. 무사는 깜짝 놀랐다.

'구로다라는 인물이 이렇게 구두쇠라니, 빌린 돈의 원금만 돌려주었는데 나중에 이자를 주지 않았다고 원망하겠군.'

이렇게 생각한 무사는 서둘러 품속에서 돈을 꺼내 구로다에게 내밀었다.

"이자로 생각하고 받아주십시오."

그러자 구로다는 즉시 고개를 가로저었다.

"그게 무슨 소리인가? 나는 자네를 도와주기 위해서 돈을 빌려준 것이지, 자네에게 이자를 받기 위해 빌려준 것이 아닐세. 넣어두게나."

그 행동에 감탄한 무사는 만나는 사람들에게 구로다를 칭찬하기에 바빴다.

"구로다는 평소에는 아주 검소한 생활을 하면서, 다른 사람이 위기에 빠져있을 때는 아낌없이 도와주는 정말로 훌륭한 인물이더군."

구로다의 평판은 시간이 흐를수록 높아만 갔다. 전쟁이 끊이지 않았던 전국시대에 구로다는 다른 무장과 비교할 때 경제적으로 매우 편안한 생활을 보냈다고 한다.

이 이야기와 같이 절약은 인색한 것과는 달리 주위 사람들의 덕망을 얻고 자신의 이미지를 향상시키는 데에도 큰 도움이 된다. 그리고 그것이 신용이 되어 금전운을 향상시키는 것과도 연결된다. 흔히 돈이 돈을 부른다는 말이 있듯이 절약하는 생활 속에서 모인 돈이 또다른 돈을 부르고, 절약하는 사람은 시간이 흐를수록 더 많은 부를 쌓는다.

잠재의식의 견지에서 본다면 이런 현상은 다음과 같은 이유 때문이다.

돈이 있으면 심정적으로 안심이 되고 자연스럽게 여유가 생긴다. 즉, 돈이 있기 때문에 가지고 싶은 것이 있으면 얼마든지 구입할 수 있고, 어려운 일에 직면해서도 경제적으로 난처한 상황에 빠지지 않을 것이라는 정신적인 안정이 올바른 판단과 결정으로 귀결되므로 초조해하는 사람보다 더 많은 돈을 모을 수 있는 것이다.

성공하는 사람들의 생각과 실행법칙

당신이 진심으로 돈을 모으고 싶다면 매일 이런 생각을 되풀이하라. '돈은 나를 좋아한다. 나는 돈을 소중히 여기며 현명하게 사용할 것이다. 어려운 사람이 있을 경우에는 기꺼이 돈을 빌려주겠다.' 그렇게 하면 그 돈은 틀림없이 몇 배로 불어나서 당신에게 되돌아온다.

죽은 돈
살아 있는 돈

돈이란 사람을 위해서 쓰는 것이다

집을 이룰 아이는 인분도 금처럼 아끼고, 집을 망칠 아이는 금도 인분처럼 쓴다. 누구에게는 인분도 살아 있는 가치로 보이고 누구에게는 냄새만 나는 쓸모없는 것으로 보인다. 돈도 마찬가지이다.

평소에 절약을 바탕으로 돈을 저축하였다가 어려운 상황이 찾아왔을 때 그 돈을 사용하는 것이 현명한 사람의 생활방식이라고 설명했다. 이 말은 절약할 때에는 절약하고 써야 할 때는 과감하게 투자하라는 뜻이다.

한 예를 보자. 도박을 좋아하는 샐러리맨이 경마에서 큰 배당을 받아 5백만 원을 벌었다. 그는 크게 기뻐하여 그날 밤에 친구들을 불러 1차, 2차, 3차까지 술파티를 벌였다. 그러자 택시비도 남지 않고 돈이 모두 바닥이 났다. 할 수 없이 3시간이나 걸어서 집에 돌아갔다. 그러자 그 사실을 알게 된 부인과 아이들이 분개했다. 이에 다시 화가 난 그는 다음날 수중의 비상금 100만 원을 경마에 걸었다. 이번에는 한 번도 맞추지 못하고 가진 돈을 모두 날려버렸다.

결국 그는 5백만 원이라는 돈을 수중에 넣었지만 하룻밤 만에 모두 써버리고 그동안 한두 푼씩 모아놓았던 비상금까지 날려버리는 신세가 되었다. 그는 후회했지만 이미 엎질러진 물이었다. 그는 돈을 사용하는 방법을 모르고 있었던 것이다.

돈은 사용하는 방법에 따라서 죽은 돈이 될 수도 있고 살아 있는 돈이 될 수도 있다. 죽은 돈이란, 돈을 의미 없이 사용하는 것으로 뒷맛이 개운치 않거나, 쓰고 난 뒤에도 후회가 남고 지출이 점점 늘어나는 돈이다. 물론 다른 사람을 후하게 대접하는 것은 나쁘지 않지만 너무 지나칠 경우에는 문제가 될 수도 있다. 반대로 살아 있는 돈이란, 본인에게 유익한 일이나 필요한 물건에 투자하는 것으로, 그런 행위에 의해 행복이나 만족을 맛볼 수 있으며 덕망이 높아지거나 수입이 늘어나는 식으로 좋은 결과를 낳는다.

그렇기 때문에 돈을 사용할 때는 살아 있는 돈으로서 유익한 결과를 낳게 될지, 아니면 죽은 돈으로서 나쁜 결과를 부르게 될지 잘 생각해 보고 사용해야 한다. 단, 살아 있는 돈과 죽은 돈을 구별

하는 데에는 개인적인 차이가 있다.

예를 들어, 30대의 자동차 마니아 A라는 남자는 오래전부터 가지고 싶었던 스포츠카를 구입하는 것이 꿈이었다. 그는 그 꿈을 실현하기 위해 저축에 힘썼다. 그가 선택한 스포츠카는 그의 행복과 희망의 표현이었다. 즉, A의 입장에서 볼 때 스포츠카의 구입은 살아 있는 돈을 사용한 것이었다.

하지만 같은 30대 남자라 해도 운전면허가 없는 B의 경우에는 스포츠카는 불필요한 물건이다. 따라서 만약 B가 일시적인 감정이나 허영 때문에 운전할 수도 없는 스포츠카를 구입했다면 이것은 죽은 돈이 된다.

이처럼 나이와 성별은 물론이고 취미나 체질 등의 여러 가지 요소에 의해 같은 행동을 하더라도 살아 있는 돈이 될 수도 있고 죽은 돈이 될 수도 있다. 따라서 돈을 사용할 때에는 각자가 미리 자기에게 정말로 살아 있는 돈이 될지 잘 생각해 보는 자세가 중요하다.

성공하는 사람들의 생각과 실행법칙

돈에는 마음이 없기 때문에 사용하는 사람의 마음가짐이 아주 중요하다. 자신에게 맞는 적절한 사용 방법을 선택할 줄 아는 사람일수록 풍요로운 삶을 누릴 수 있다.

타인의 생활과 소유물을 비교하지 말라

일이 뜻대로 되지 않을 때는 나보다 못한 사람을 생각하라

사람들은 자신의 수입이 자신의 필요에 맞는지 어떤지에 관심을 가지기보다는, 자신의 수입이 다른 사람의 수입보다 많은지 어떤지에 관심을 가진다.

비교하지 말고 만족을 얻어야 한다. 일이 내 뜻대로 되지 않을 때에는 나보다 못한 사람을 생각하자. 원망하고 탓하는 마음이 저절로 사라지리라. 마음이 게을러지거든 나보다 나은 사람을 생각하자. 저절로 분발하리라.

"친구가 최근 컴퓨터를 샀는데 나도 갖고 싶다."

"동료가 요즘 유행하는 핸드백을 샀는데 나도 그 핸드백을 들고 다니고 싶다."

"이웃집도 오스트레일리아로 여행을 갔는데 우리라고 못 가라는 법 없다. 우리도 간다."

남들이 자신에게 없는 것을 가지고 있으면 부러워하거나 그것을 손에 넣고 싶다고 생각하는 것은 인지상정일 것이다. 그러나 남들이 가지고 있으니까 자신도 그것을 모두 구입한다면 돈이 아무리 많아도 부족할 수밖에 없다.

그렇게 마냥 남들을 따라 구입하다가는 부자가 되기는커녕 오히려 파산해버릴 것이다. 또 그것이 불필요한 대상이라면 앞에서 설명했듯 죽은 돈을 사용하는 결과이기에 이는 불행을 자초하는 것이다.

사람이라는 동물은 자신을 다른 사람과 비교하고 싶어 한다. 사람의 욕망은 항상 위를 향해 쫓아가므로 자기보다 위에 있는 사람과 비교하고 싶은 경향이 있다. 능력이나 외모는 물론이고 무엇을 가지고 있는가 하는 소유물에 이르기까지 하나하나 비교하면서 기뻐하기도 하고 울적해지기도 한다.

하지만 자기보다 여건이 좋은 사람과 비교하면 대부분의 경우 상대를 부러워하거나 원망을 한다. 이 경우, 능력 면에서 비교하여 상대를 따라잡으려는 노력을 기울인다면 큰 문제는 되지 않지만, 재산과 소유물을 비교하는 경우 열에 아홉은 문제를 일으킨다.

그래서 죽은 돈을 사용하지 않기 위해서도 남은 남이고 자기는 자기라는 뚜렷한 주관을 가지고 무의미한 비교는 하지 않는 것이 중요하다.

내가 아는 사람 중에 A라는 여성이 있는데, 그녀가 친구 B의 집에 놀러 갔을 때 이런 일이 있었다.

B의 집 거실에는 멋진 그랜드피아노가 놓여 있었는데, B가 그 피아노 앞에 앉아 클래식 음악을 연주했다. 그 모습을 본 A는 자기도 피아노를 가지고 싶다는 생각에 충동적으로 피아노를 할부로 구입했다.

그러나 막상 피아노가 배달되자 뜻밖의 문제가 발생했다. 그 피아노가 워낙 컸기 때문에 거실을 모두 점령해버려 사람들이 제대로 움직일 수가 없었다. 당장 가족들이 불평을 늘어놓기 시작했다. 그러나 무엇보다도 A는 피아노를 배운 적도 없었다. 이용가치가 없는 피아노는 결국 거대한 쓰레기나 다름없었다.

A는 치지도 못하는 피아노를 구입해서 거실 공간을 비좁게 하고, 가족들한테 원망이나 들으며 매달 매달 할부금만 꼬박꼬박 내지 않을 수 없었다. B의 입장에서 피아노 구입은 살아 있는 돈이라고 말할 수 있겠지만, A의 경우는 완전히 죽은 돈이 되어버린 것이다.

결코 웃어넘길 이야기가 아니다. 만약 당신에게 다른 사람이 소유한 물건을 가지고 싶다는 충동이 일 때가 있다면 신중하게 생각해 보라.

'그 물건이 과연 내게 필요한 것일까? 이것이 과연 살아 있는 돈의 역할을 만들어낼 것인가?'

그리고 그것이 자신에게 반드시 필요한 것이며, 그것을 구입함으로써 삶의 보람을 창조하는 데에 상당한 효과가 있을 것이라는 결론이 나왔을 때 비로소 구입해야 한다.

성공하는 사람들의 생각과 실행법칙

자신과 다른 사람을 비교하여 부러워하는 것은 자신의 에너지를 낭비하는 일이다. 잠재의식에 부정적인 상념이 입력되므로 좋은 결과를 얻을 수 없을 뿐 아니라 현실적으로도 부정적인 현상이 발생한다.

행동하지 않으면
목표는 이루어지지 않는다

목적을 명확하게 해야 절약에 성공할 수 있다

행동가가 되어야 한다. 목표를 설정하고도 행동하지 않으면 그
목표는 이루어질 수가 없다.

가만히 있지 말고 항상 행동하는 '진보적인 사람'이 되자. 우
선 계획은 잘 짜여진 적절한 것이어야 한다. 이것이 확인되면 단
호하게 실행한다. 약간의 싫증 때문에 실행의 결의를 포기해서는
안 된다.

지금까지 설명했듯이 금전운을 향상시키려면 일상생활 속에서
절약을 하는 습관이 아주 중요한데, 절약하는 생활을 지속하는 것
은 꽤 어려운 일이다.

'그래, 나도 열심히 절약해서 돈을 모아야겠어.'

이렇게 결심하고 절약하는 생활을 시작해도 작심삼일로 끝나거나 도중에 좌절하는 것이 현실이다.

절약은 어려울 뿐 아니라 여러모로 불편을 감수해야 하는 일이기에 이를 지속하려면 강한 인내력이 필요하다. 소비와 편리한 생활에 물들어 있는 우리 현대인들의 입장에서 상당한 제약과 불편을 참는다는 것은 스스로에게 고통을 강요하는 것과 같기 때문이다.

그래서 나는 절약하는 생활에 성공하기 위해서 그 목적을 명확히 하라는 충고를 한다. 즉, 주택 계약금, 해외여행 자금, 자동차 구입 대금 등 무엇이라도 상관없으니까 자기가 원하는 것을 목표로 설정한다. 지금은 힘들지만 조금만 노력하면 원하는 자동차를 구입할 수 있다고 생각하면, 절약도 고통스럽게 느껴지지 않고 일상생활에서도 활력이 넘칠 것이다.

Y라는 직장여성의 체험담이다.

Y는 독신생활을 하는 지극히 평범한 25세의 직장여성이었다. 월급은 약 200만원, 월세가 60만원이니까 생활은 검소할 수밖에 없고 가끔씩 동료와 식사를 하는 정도로 수수하고 소박했다. 아주 평범한 생활을 하고 있었으므로 해외여행이나 유명상품을 사는 친구나 동료를 보면 그저 부러워할 뿐이었다.

그러던 중 Y는 마음을 다져먹고, 더욱 절약하여 내 집을 갖겠다는 결심을 했다. 월세만 줄여도 어느 정도 여유 있는 생활을 할 수 있을 것이라고 생각했기 때문이다. 그녀는 우선 계약금을 마련하기 위한 계획을 세웠다.

매달의 월급에서 월세를 제외하고 남는 금액에서 100만원을 적금에 넣고 나머지 금액으로 생활해야 한다. 용돈을 포함하여 40만원으로 생활한다는 것은 사회인으로서 꽤 고통스러운 일이었지만 내 집을 마련한다는 목표와 구체적인 금액, 그리고 2년이라는 기간 설정이 그녀의 의욕을 북돋아 주었다.

처음에는 힘들었지만, 어느 정도 적응기간을 거치면서 나름대로 절약에 대한 아이디어까지 생긴 그녀는 점차 절약하는 생활에 익숙해져 갔다. 그리고 마침내 그녀는 혼자 생활을 하는 데에는 충분한 원룸을 장만할 수 있었다.

그렇게 바라던 원룸을 구입한 그녀는 절약에 상당한 자신감이 붙어 융자금을 하루빨리 변제하기 위해 한층 더 절약에 힘을 썼다. 그리고 그녀는 융자금 변제와 병행하여 다음 목표를 설정했다. 그것은 시골에 계시는 부모님께 해외여행을 선물한다는 목표였다.

"같은 월급으로도 노력하기에 따라 쾌적한 집을 구입할 수 있었으니까 낭비를 줄이고 절약을 하는 생활은 매우 중요하다고 생각해요. 또 목표가 있으면 의욕이 일기 때문에 좌절하지 않을 수 있고 일상생활에 활력이 넘쳐서 기쁨을 느껴요. 이번에는 부모님께 해외여행을 선물할 생각이에요."

활기가 넘치는 밝은 표정으로 그렇게 당당하게 말하는 Y를 바라보면서 부모님께 해외여행을 선물하는 것도 시간문제라는 생각이 들었다.

성공하는 사람들의 생각과 실행법칙

인생에서의 꿈과 희망과 목표는 마음의 영양분이다. 그 마음의 영양분이 온몸으로 퍼지면 누구나 활력 있는 생활을 할 수 있고 발전과 성공을 향하여 비약할 수 있다.

절약의 지혜만큼
확실한 보상이 따르는 것은 없다

작은 비용도 삼가라. 작은 구멍이 큰 배를 가라앉힌다

나는 반드시 돈을 신성한 것으로 생각하는 사람은 아니다. 하지만 이따금 가던 길을 멈추고 의아해한다. '돈은 나갈 때는 그렇게 빠르게 나가면서, 들어올 때는 왜 그리 더딘 것일까'라고.

절약의 습관이 어려운 만큼 중요하다고 했지만, 다르게 생각하는 사람도 많이 있을 것이다.

"이해는 가지만, 읽고 싶은 잡지를 읽지 않고 전기요금에 신경을 써야 한다면 생활이 얼마나 비참해지겠는가? 나는 그렇게는 살고 싶지 않다."

확실히 일반 가정에서 하루 종일 조명을 켜지 않는다고 해도 절약할 수 있는 금액은 몇 푼에 지나지 않는다.

"어두컴컴하게 지내면서 불편을 감수해보았자, 큰돈이 절약되는 것도 아니고 또 그 때문에 시력이 나빠지면 나중에 더 많은 돈이 들어갈 것이다."

이것도 일리 있는 말이다. 그래서 나는 시대에 맞는 합리적이고 현명한 절약 방법을 추천하고 싶다. 절약도 약간의 연구와 지혜를 통해서 합리적으로 실행해야 한다.

예를 들면, 공공시설을 이용하는 것이다. 공부를 하고 싶으면 도서관으로 가면 된다. 다양한 서적과 잡지, 신문을 무료로 빌려 볼 수 있을 뿐 아니라 그 자리에서 읽을 수도 있다. 도서관은 조명도 적절하고 냉난방시설도 완비되어 있으므로 쾌적한 환경에서 책을 읽을 수 있고, 조용하게 공부하는 공간으로 최적의 환경이라 할 수 있다. 또 다이어트나 운동을 위해 값비싼 가입금이나 사용료를 지불하고 스포츠센터에 다니는 사람이 있는데, 절약할 생각이면 구민회관 같은 공공시설을 이용하는 것도 좋은 방법이 될 수 있다.

공공시설 이외에도, 최근에 유행하고 있는 재활용품점이나 벼룩시장 등을 이용하는 것도 절약에 좋은 방법이다. 백화점과 비교할 때, 원하는 물건을 찾는 데에 시간이 좀 걸리겠지만 매우 싼 가격에 물건을 구입할 수 있다는 점과 넓고 다양한 볼거리도 있으므로 나름대로 쇼핑하는 기쁨도 찾을 수 있다.

또 절약의 입장에서만이 아니라 생태학적인 의미에서도 생활에 필요한 최소한의 물품만을 소유하고 그 이외의 물품은 구입하지 않는 단순한 생활은 지구 환경과 자신의 건강에도 이롭다. 그렇게 하면 절약은 물론이고 방도 훨씬 더 넓게 사용할 수 있으므로 생활에서 발생하는 스트레스도 줄일 수 있다.

그 이외에도 절약이라기보다 실제로 돈을 만드는 방법으로 재활용품점이나 벼룩시장을 역으로 이용하기를 권한다. 자기는 이미 흥미를 잃었거나 입을 수 없는 옷도 다른 사람의 입장에서 보면 돈을 지불하고라도 구입하고 싶은 경우가 얼마든지 있다. 큰돈을 받을 수는 없지만 사용하지 않는 물건을 처분하면 공간 활용에도 도움이 되고, 그냥 버리는 것보다는 작은 돈이라도 벌수 있어서 좋다. 나아가 생태학적 관점에서도 재활용은 지구 환경에 도움이 된다. 환경을 살리고 돈까지 벌 수 있으니 얼마나 바람직한 일인가.

S라는 사람이 있다. 그는 20여 년 전에 2천원을 주고 구입한 LP 레코드를 처분하고 싶었다. 가장 간단한 방법은 버리는 것이었지만 환경문제에 관심이 높은 그의 부인이 충고했다.

"버리면 간단하지만, 그런 식으로 무조건 버리기만 하면 지구가 쓰레기장이 될 거에요. 아직 사용할 수 있는 물건이니까, 원하는 사람에게 공짜로 주는 것이 어떻겠어요? 귀찮기는 하지만 원하는 사람이 있는지 찾아보세요."

부인의 말에 수긍한 S가 친구들과 얘기하는 중에 친구 한 명이 중고 레코드가게를 소개해주었다. 그 가게 주인은 뜻밖에도 20만 원이라는 큰돈으로 그 레코드를 구입해주었다. 그 레코드는 구입 당시에 비하여 최근에는 구하기가 아주 어려운 희귀품이라서 비싼 가격을 받을 수 있었던 것이다.

이와 같이 자신에게는 필요가 없는 물건도 다른 사람의 입장에서 보면 비싼 돈을 내고 구입하고 싶은 경우도 있다. 재활용시장에 팔면 비록 적은 돈이라도 들어오고, 운이 좋을 경우에는 S처럼 큰돈을 벌 수도 있다. 직접 돈이 되지는 않는다 해도 원하는 사람에게 공짜로 준다면 우주은행에 덕이라는 예금을 하는 것이므로 나중에 이자까지 붙어서 되돌아오지 않겠는가.

성공하는 사람들의 생각과 실행법칙

누구나 지혜를 짜내면 많은 일을 할 수 있다. 특히 다른 사람을 도우려는, 건설적이고 긍정적인 행동은 반드시 좋은 결과로 보상을 받는다. 마찬가지로 절약의 지혜만큼 확실한 보상이 뒤따르는 것도 없다. 이것이 잠재의식의 법칙이다.

순간을 지배하는 사람이 인생을 지배한다

절약의 적은 순간의 충동이다

순간적인 유혹과 충동이 한순간에 인생에 광풍을 몰고 온다. 매 순간 행동의 씨앗을 뿌리면 습관의 열매가 열리고, 습관의 씨앗을 뿌리면 성격의 열매가 열리고, 성격의 씨앗을 뿌리면 운명의 열매가 열린다. 이것이 나폴레옹이 세계를 지배한 까닭이며 몰락한 이유이다.

절약하는 생활을 할 때에 가장 큰 걸림돌이 충동적인 구매나 좀 심한 사람들에겐 도박일 것이다.

"성인오락실 앞을 지나가다가 문득 한번 들어가 보고 싶은 충동이 일어서 들어갔다가 20분 만에 5만원을 날려버렸다. 보통 때에는 1000원도 아끼는데, 잠깐 동안에 5만원을 날려버렸으니 절약할 의욕까지 잃어버렸다.

"백화점 매장을 둘러보다가 옷이 너무 마음에 들어 무리를 해서 구입했다."

이런 식의 충동구매나 도박은 그 결과도 나쁘지만 절약을 포기하게 만드는 원인이 된다는 점에서 이보다 더 해로운 절약의 적이 없다. 도박은 일종의 마약과 같은 것이기 때문에 일단 빠져들면 좀처럼 헤어날 수 없다고 한다. 한 번 빠져들면 순식간에 막대한 돈과 시간을 날리는 사람들을 우리는 주위에서 흔하게 볼 수 있다. 도박에 눈과 마음이 움직이는 사람은 다른 일에 흥미를 붙일 수 있도록 부단히 자기를 채찍질해야 한다.

앞에서도 설명했듯이 도서관에서 공부를 하면 지식도 늘고 자기계발에도 도움이 된다. 또한 컴퓨터나 영어회화, 서예 등을 배우거나 체력이 약한 사람은 테니스나 수영 등의 스포츠로 마음과 눈길을 돌려야 한다.

도박과 함께 충동구매도 절약의 적이다. 물론 가지고 싶은 것이 있어도 모두 참으라는 말을 하는 것이 아니다. 일시적인 감정에 흔들려 구입하는 경우, 일반적으로 죽은 돈이 되는 경우가 많고 돈뿐 아니라 운까지 줄어든다는 점을 경고하고 싶은 것이다.

어떻게든 가지고 싶다는 충동에 이끌려 구입한 것까지는 좋지만 막상 구입한 후에는 갑자기 그 열의가 식어 한 번도 사용하지 않고 그대로 방치해 두는 경우가 많다. 그러나 할부금은 매달 꼬박꼬박 나온다. 이를 죽은 돈이라고 했다. 그렇기 때문에 충동구매를 할 가능성이 있다면 그 물건이 자신에게 정말로 필요한 것인지, 나중에 후회하지는 않을 것인지, 살아 있는 돈으로써 의미 있게 사용하는 것인지 등을 냉정하게 생각해 보아야 한다.

충동구매라는 행위를 심리학적인 입장에서 분석해보면 일종의 스트레스 해소라고 말할 수 있다. 현대사회에서 생활하다 보면 아무래도 스트레스가 쌓이기 쉽고, 그것이 절정에 이르면 정신적인 부담으로 작용한다. 그 때문에 우리의 욕망은 이 정신적인 부담을 충동구매로 해소하려고 하는 것이다.

이에 대한 해결방법은 의식을 다른 곳으로 돌리는 것이다. 스포츠를 통해서 땀을 흘리거나 노래방 등에서 마음껏 노래를 부르는 것도 좋은 방법이다. 또는 취미나 관심이 있는 분야에 몰두해보는 등 여러 가지 방법을 생각할 수 있으므로 자신에게 알맞은 스트레스 해소방법을 찾도록 하자.

성공하는 사람들의 생각과 실행법칙

도박이나 쇼핑, 음주 등의 습관에 젖어 있는 사람은 다른 일에 눈을 돌리도록 하라. 그렇게 하면 당신 앞에 전혀 다른 세계가 펼쳐질 것이다.

기회란 만나는 것이 아니라 만드는 것이다

결정적인 순간에 돈을 아끼는 것은 절약이 아니다

무조건 아낀다고 돈이 모이는 것은 아니다. 때로는 기회가 왔을 때, 과감하게 써야 한다. 일생에 기회가 적은 것은 아니다. 또한, 좋은 기회를 만나지 못한 사람은 하나도 없다. 다만 그것을 잡지 못했을 뿐이다.

돈은 원래 사용하기 위해 존재한다. 은행에 예금만 하고 전혀 사용하지 않는다면 돈의 의미는 반감된다. 돈을 이용하는 사람들의 성격도 아래와 같이 제각각이다.

1) 돈을 저축하여 증식하는 데에 재미를 붙여 돈을 모으는 것만 목적으로 삼는 사람.

2) 살아 있는 돈이 아닌, 죽은 돈이 될까 봐 함부로 사용하지 못하는 사람.

3) 돈이 늘어나면 없는 사람을 우습게 보고 자신이 위대해진 듯한 느낌에 사로잡혀 있는 사람 등.

이것은 반드시 한 사람이 한 가지 경향에만 해당되는 것은 아니다. 한 사람이 세 가지의 경향을 모두 다 갖추고 있는 경우도 있다.

분류한 내용의 공통점은 돈을 모두 보수적인 관점에서만 보고 돈의 증식에만 혈안이 된 사람들의 심정이다. 이는 구두쇠의 단순 명료한 길이다. 그러나 인색한 행동은 기회나 덕망을 잃고, 결국에는 돈은 돈대로 모이지 않고 그 이상의 발전은 기대할 수가 없다.

따라서 중요한 순간에는 아낌없이 돈을 쓸 줄 아는 현명한 절약을 해야 한다. 즉, 대인관계나 다른 사람을 도와주어야 할 때 또는 자신의 꿈을 실현시키거나 삶의 보람을 창조하기 위해서라면 주저하지 않고 돈을 투자할 줄 알아야 한다.

예를 들어, 지방으로 내려가서 낙농업을 꿈꾸는 사람이 있다고 하자. 이 사람이 꿈을 실현시키려면 우선 적당한 지역에 낙농에 어울리는 집과 토지를 구입하거나 빌려야 한다. 그 밖에도 가축이나 도구도 필요하다. 그런데 그런 도구들을 구입하는 데에 들어가는 비용을 아낀다면 돈이 아무리 많이 쌓인다 해도 삶의 보람은 느낄 수 없다.

　돈이란 모름지기 삶의 보람과 가치를 충족시킬 수 있는 곳에 사용해야 한다.

성공하는 사람들의 생각과 실행법칙

돈이란 모으라고 있는 것이 아니다. 행복과 평화와 사랑과 자기실현을 위해 사용하는 도구가 돈이다. 이 도구를 아까워한다면 인생의 보람이란 찾을 수 없다.

부와 성공은 물론
불행도 사람이 몰고 온다

돈이란 사람과 사람의 관계와 가치의 표현에 불과하다

최근에 맛있는 음식점을 소개하는 잡지나 텔레비전 프로그램이
인기를 누린다.

요리와 관련된 잡지의 편집에 종사하고 있는 A가 내게 이런 질
문을 한 적이 있었다.

"손님이 많고 장사가 잘되는 가게의 공통점이 무엇이라고 생각
하십니까?"

"글쎄요. 무엇보다도 맛이 좋고 가격이 싸기 때문이 아니겠습
니까?"

나는 질문을 기다렸다는 듯이 이렇게 대답했지만, A의 다음 말
이 더 인상적이었다.

"물론 그것도 이유가 될 수 있겠지요. 하지만 음식이 맛있고 가격이 싸야 한다는 것은 어느 가게이든 당연히 갖추어야 할 필수조건이 아니겠습니까. 손님이 음식점을 선택하는 가장 중요한 기준은 그 가게에 가면 얼마나 즐거운 기분으로 음식 맛을 느낄 수 있는가 하는 것입니다. 즉, 행복을 느낄 수 있어야 한다는 것이지요."

과거에 어떤 텔레비전 프로그램에서 연 매상 천억을 올리는 체인점의 주인도 사업에서 성공한 비결이 무엇이냐는 리포터의 질문에 이렇게 대답했다.

"지친 직장인들을 왕처럼 대우하는 것입니다."

이 체인점이 성공할 수 있었던 이유는 스트레스에 짓눌려 귀가하는 샐러리맨이나 직장여성들에게 VIP에 버금가는 서비스를 제공하면서도 가격은 매우 싸게 책정하여 누구나 가벼운 마음으로 들러갈 수 있도록 배려했기 때문이라는 것이다. 체인점에 들어간 순간부터 나올 때까지 손님이 최고의 기분을 만끽할 수 있는 서비스에 신경을 쓰는 가게이기 때문에 손님들이 돈을 아끼지 않고 들르는 것이 아닐까?

물론 이와는 정반대의 경우도 있다.

얼마 전에 아는 사람을 통해서 시내에 맛도 좋고, 가격도 매우 싼 편이지만 손님이 거의 없다시피한 가게가 있다는 말을 전해 들었다.

그리고 그 지인으로부터 그 가게의 분위기에 대한 설명을 들었을 때, 나는 그 가게가 번성하지 못하는 이유를 이해할 수 있었다.

주인의 완고한 기질이 그런 결과를 낳은 것인지도 모르지만, 중요한 것은 점원들이 매우 불친절하다는 것이었다. 그 가게의 점원들은 "어서 오세요" "감사합니다"라는 기본적인 인사조차 제대로 하지 않을 뿐 아니라 손님들이 조금만 시끄럽게 대화를 나누기라도 하면 다른 커피숍에 가서 떠들라는 식으로 주의를 준다고 했다.

가게의 번성과 손님에 대한 친절은 떼어놓고 생각할 수 없는 관계에 있다. 그렇다면 손님의 기분을 즐겁게 만들기 위해 구체적으로 어떻게 해야 할까?

다른 사람의 삶과 인생관, 가치관을 존중하고 기쁨을 주면 많은 사람들로부터 호감을 얻고, 그 보답으로 그 사람들이 당신에게 필요한 돈을 빌려주는 것이다. 돈이란 사람과 사람의 관계와 가치의 표현에 불과하다.

돈을 좇으면 사람을 놓친다. 그러나 사람을 위하며 따르면 돈이 당신을 따르고, 만에 하나 돈이 없다 해도 사람들이 당신을 보살펴 줄 것이므로 잃을 것이 없다.

지금까지 설명한 머피의 법칙을 실천하는 한편으로 다른 사람을 존중하고 기쁨을 주는 태도야말로 당신의 꿈을 달성하고 삶의 보람을 창조하는 데에 빼놓을 수 없는 요소다. 바꾸어 말하면, 이런 태도를 소홀히 할 경우 아무리 이미지트레이닝을 되풀이해도 한정된 성과밖에 거둘 수 없다.

성공하는 사람들의 생각과 실행법칙

다른 사람에게 기쁨을 안겨주려면 그 사람을 존경해야 한다. 동시에 사랑을 베풀어야 한다. 이것만 지킨다면 사람들은 당신을 그냥 내버려두지 않을 것이다. 사람들이 당신을 돕기 위해 달려들 것이기 때문이다. 물론, 돈도 예외는 아니다.

친구를 원하거든
상대의 자존심을 지켜줘라

친구를 얻는 가장 좋은 방법은 상대의 자존심을 지켜주는 일이다

친구를 얻고, 자신의 생각에 따라오게 하는 가장 확실한 방법은 상대의 의견을 충분히 받아들이고, 상대방의 자존심을 만족시켜주는 일이다. 자존심은 어리석은 자가 가지고 다니는 물건이지만, 타인의 자존심까지도 그런 것은 아니다.

경영컨설턴트인 H로부터 들은 이야기이다. 그가 단골로 드나드는 레스토랑의 여주인은 월수입이 2천만원 이상이 된다고 한다. 나는 처음에 건성으로 그의 이야기를 들었지만 이야기를 듣는 동안에 그 이유를 충분히 이해할 수 있었다.

H는 최근에 처음으로 책을 출간하였다. 그가 이 사실을 레스토랑 여주인에게 말했더니 그녀는 축하한다면서 30권이나 구입

해주었다. 그뿐만이 아니었다. 며칠 후 그녀는 H에게 전화를 걸어왔다.

"선생님의 저서를 읽고 감동했어요. 정말 훌륭한 내용이었어요. 이 책을 손님들에게도 추천하고 싶어요. 그래서 말씀인데, 이번 금요일 저녁에 시간이 어떠세요? 조촐하지만 선생님의 출판 기념파티를 열어드리고 싶어서 그렇습니다. 물론 선생님은 주빈이니까 그냥 오셔서 자리를 빛내주시기만 하면 됩니다. 시간 좀 내주세요, 네?"

그 일에 대해 H는 내게 이렇게 말했다.

"여주인의 그 말을 듣고 정말 기분이 좋았습니다. 그렇게까지 신경을 써주는데 그 가게에 가지 않을 수 없지요. 꼭 그래서는 아니지만 한 달에 한 번 이상은 반드시 그 가게를 찾아갑니다. 그 마음이 고마워서요."

H는 왜 여주인의 말에 즐거운 기분이 들었을까? 그것은 H의 말처럼 여주인 특유의 배려에 비결이 있다. 여주인은 손님의 자존심을 높여주는 능력이 탁월했던 것이다.

자존심은 자기가 그 자리에서 매우 중요한 존재이고 싶다는, 다른 사람보다 한 단계 높은 존재이고 싶다는 인간 특유의 욕망이다. 즉, 다른 사람들로부터 존경을 받고 싶다는, 다른 사람들로부터 주목을 받고 싶다는, 자기가 다른 사람보다 우위에 있다는 욕구를 가리키는데, H씨의 이야기를 들어보면 그 레스토랑의 여주인은 손님의 그런 자존심을 충족시켜주는 능력이 매우 뛰어났던 듯하다.

여주인이 책을 30권이나 구입해주고 출판 기념파티를 열어주고 싶다는 전화를 할 수 있었던 것은, 자신의 책을 세상에 널리 알리고 싶고 다른 사람에게 존경을 받고 싶다는 H씨의 욕구를 읽었다는 뜻이고, 그래서 H씨는 즐거운 기분을 만끽할 수 있었다. 여주인과 대화를 하면 자존심이 살아난다는 이유에서 즐거운 기분을 느끼는 것이다. 바로 그런 점 때문에 사람들은 그 가게의 단골손님이 되어야겠다고 생각하는 것이 아닐까.

여주인의 이런 태도를 우리도 배워야 한다. 그렇다고 여주인과 똑같이 행동하라는 말은 아니다.

"자네는 컴퓨터를 참 잘 다루는구면. 인터넷을 사용하는 방법 좀 가르쳐 줄 수 있겠나?"

"역시 선배는 대단하십니다. 회의 준비도 그렇고 기획서를 보아도 언제나 빈틈이 없어요. 저도 선배의 그런 능력을 배우고 싶습니다."

"자네가 늘 열심히 일을 해주는 덕분에 우리 부서가 이런 실적을 올릴 수 있었네. 앞으로도 잘 부탁하네."

이런 식으로 상대방의 장점을 자연스럽게 칭찬하는 것만으로 충분하다. 물론 즉시 효과가 나타나지 않을 수도 있지만 평소에 이런 언행을 갖추고 있으면 당신의 평가는 시간이 흐를수록 높아질 것이고, 언젠가 주위 사람들이 모두 당신을 위해 노력해줄 것이다.

다른 사람을 존중하기 위한 첫걸음은 상대방의 자존심을 살려주는 것이라는 점을 명심해야 한다.

성공하는 사람들의 생각과 실행법칙

당신이 원하는 바로 그것을 다른 사람도 똑같이 원한다. 당신이 다른 사람에게 느끼거나 생각하는 것은 당신 자신의 심리적 체험과 같다. 따라서 다른 사람이 자신에게 해주기를 바라는 것이 있다면 먼저 당신이 다른 사람에게 그렇게 해주어야 한다.

인정받고 싶으면
상대를 먼저 인정하라

상대를 인정하면 그는 저절로 당신에게 호감을 가진다

사람은 자신을 인정하지 않고 비판하는 상대를 싫어하지만, 자신을 인정하고 동조해주는 상대에게는 호감을 느낀다. 상대방의 존재를 인정해주면 상대방은 저절로 감동하여 당신에게 호감을 가진다.

어떤 사람의 자존심을 높여주려면 자연스럽게 존재 그 자체를 인정해주는 것이 효과적이다. 이런 능력이 뛰어난 사람은 언젠가 다른 사람의 도움으로 자신의 꿈을 달성하거나 성공할 수 있는 기회를 붙잡는다.

호텔 도어맨인 D가 좋은 예다. 그가 일하는 호텔의 정년은 60세지만, D의 경우에는 65세인데도 아직도 현역 도어맨으로 일하고 있다. 이유는 D의 서비스, 뛰어난 기억력이 정평이 있기 때문이다. 그는 2천 명이 넘는 고객의 얼굴과 이름을 모두 기억해서 그 손님이 올 때마다 이름을 불러주며 정중히 맞이한다고 한다.

"어서 오십시오, ○○○ 선생님."

"○○○ 사장님, 오랜만에 오셨군요."

그러나 수많은 손님들의 이름과 얼굴을 기억하는 것은 쉬운 일이 아니다. 처음 찾아오는 손님이면 코트를 벗을 때에 옷 안쪽에 박힌 이름을 살펴보거나 초대장에 쓰인 이름을 살펴보고 상대방의 이름을 기억한다니 놀라운 일이 아닐 수 없다. 또 골프 가방이나 여행용 가방을 가지고 나가는 손님들에게는 이런 식으로 자연스럽게 말을 건넨다고 한다.

"○○○ 선생님, 오늘은 스코어가 잘 나올 것 같은데요."

"○○○ 사장님, 즐거운 바캉스가 되십시오."

이런 D의 서비스 아닌 친절 때문에 그 호텔은 이름을 얻고 단골 손님을 상당히 얻었다고 한다.

고객들이 즐거운 기분을 느끼는 이유는 여러분이 고객의 입장이 되어 생각해 보면 쉽게 알 수 있을 것이다. 예를 들어, 시장의 생선 가게나 채소가게에서 물건을 살 때 주인이 간단한 인사만 건네는 것보다는 이름을 불러주거나 친근하게 행동해주는 것이 훨씬 즐겁지 않은가. 하물며, 여행용 가방을 들고 바캉스를 떠나는 도중에 가게 주인으로부터 즐거운 여행이 되라는 말을 듣는다면 당연히 인간적인 애정이 느껴질 것이다. 이런 친근감이 느껴지는 이유는 상대방이 자기에게 신경을 써준다는 생각이 자존심을 높여주기 때문이다. 따라서 당신도 자신의 존재를 상대에게 인정받으려 하기 전에 먼저 상대의 존재를 인정해주도록 신경을 쓰는 것이 바람직하다. 그것 또한 그렇게 어려운 일은 아니다. 예를 들면, 아침에 직장에서 동료들을 만났을 때 인사말에 이름도 함께 불러주는 정도로도 충분하다. 그리고 가능하다면 이런 식으로 가볍게 말을 건네는 것도 좋은 방법이다.

"안녕하십니까? 어제 부장님이 좋아하는 팀이 이겼더군요."

"이 대리, 안녕! 어제 늦게까지 잔업을 하느라 고생했지?"

이런 말 정도로 마음을 써 주어도 상대는 당신이 자기에게 마음을 쓴다는 인상을 받고 당신이 어려운 상황에 놓였을 때 믿음직한 아군이 되어 주거나 예상하지 못했던 기회를 만들어 준다.

성공하는 사람들의 생각과 실행법칙

누구나 마음속으로는 자신의 존재를 인정받고 싶어 한다. 자신의 존재를 인정받고 싶다면 먼저 상대방의 존재를 인정하라. 그러면 상대도 자연스럽게 당신의 존재를 인정할 것이다.

상대에게 관심을 보이면
나에게 호감을 보인다

따뜻한 마음을 잃으면 그 자신의 인생이 외롭고 비참하게 된다

우리는 어떤 일을 위하여서든지 주머니 속에서 돈을 꺼내어 지불할 때 다른 사람에게 따뜻하게 대하는 태도를 습관화하도록 노력해야 한다. 그가 사랑받을 만한가 아닌가를 따질 필요가 없다. 이 세상에 악한 사람은 거의 없다고 해도 좋다. 누가 참으로 정당한지 아닌지를 판단하기 어렵기 때문이다.

사람들의 자존심을 높여주기 위한 또 한 가지 방법으로 상대방이 관심을 가지는 일을 이해해주는 것이 있다. 상대방이 관심을 보이는 문제를 이해해주면 당신이 그 사람에게 마음을 써준다는 점을 스스로 느낄 것이고, 또 상대방이 경계심을 풀고 당신에 대해 친근감이나 안도감을 느끼기 때문이다.

사실, 나는 성공법칙의 연구에 종사하고 있는 관계로 지금까지 성공한 사람들을 만날 기회가 많았는데, 그들을 볼 때마다 느끼는 점은 그들이 이른바 말을 잘하는 사람은 아니라는 것이다. 아니, 오히려 듣는 역할에 충실한 사람들이라고 말할 수 있다. 그 때문에 나도 처음에는 그런 사람들이 어떻게 성공을 할 수 있었던 것인지 의문을 품었지만, 얘기해보면서 어떤 중요한 공통점을 발견할 수 있었다. 그 공통점이란 그들 모두가 상대방이 관심을 가지는 부분을 이해하기 위해 노력한다는 것이다.

예를 들면, 내가 아는 사람이 연 파티에서 만난 성공한 부동산업자 T와 담소를 나눌 때, 나는 감탄하지 않을 수 없었다. 그 사람에게 내가 전에 쓴 인생론과 관련한 책을 건네주었더니 저자 약력을 보자마자 즉시 내게 질문을 던졌다.

"선생님은 연애에 관한 책도 많이 출판하신 것 같은데, 상담해오는 연령층은 역시 20대가 압도적이지요?"

"선생님은 머피와 관련된 내용의 책도 많이 쓰셨군요. 저 같은 초보자의 경우에는 어떤 책을 읽어야 합니까?"

그 이후 문득 정신을 차리고 보니, 나는 일방적으로 이야기를 하고 있었다. 그도 그럴 것이 그는 내가 이야기를 할 때마다 '그렇군요.' '그런 일이 있었군요.'라며 적당히 맞장구를 쳐주었을 뿐 아니라 때로는 감탄하면서 나의 이야기를 자연스럽게 이끌어주었기 때문이다. 그리고 약 1시간 정도 지나 파티는 끝이 났지만, 나는 T와 좀 더 많은 시간을 보내며 진지하게 이야기를 나누고 싶었다. 그리곤 이런 생각이 들었다.

"앞으로 집을 구입할 일이 생기면 이 사람에게 부탁해야겠어."

이제 이해할 수 있을 것이다. 듣는 역할에 철저하고, 상대방이 관심을 가지는 일에 흥미나 반응을 보여주는 일은 상대방의 존재를 인정하고 자존심을 높여주는 일이며, 이는 결과적으로 자신의 호감을 높이는 일이라는 것. 더불어 상대방의 경계심을 풀어줌으로써 친근감과 안도감이 들게 하고 자신을 믿게 만들어주는 일임을.

이와 같은 신뢰와 신용이야말로 우리의 인생에서 매우 중요하다. 사람은 누구나 신뢰와 신용이 있는 사람에게 돈을 맡기고 싶어 한다.

성공하는 사람들의 생각과 실행법칙

사람은 자신이 관심을 가지는 분야에 대하여 상대가 반응을 보여줄 때 기쁨을 느낀다. 자신의 가치를 다른 사람이 인정해준 것이라고 생각하기 때문이다.

마음의 고통을 분담하면 신뢰가 쌓인다

벙어리처럼 침묵하고 왕처럼 말하고 사자처럼 행동하라

자기 자신에게 집중할 수 있는 능력은 다른 사람에게 주의를 쏟을 수 있는 능력에 앞서 꼭 필요한 조건이다. 또한 자기 자신을 편안하게 느낄 수 있는 것은, 다른 사람과 사귀기 위한 필수 조건이다.

"듣는 역할에 충실하고 상대방이 관심을 가지는 일에 흥미와 반응을 보이라고 하지만, 처음 만나는 사람에게 어떻게, 또 왜 그렇게 해야 하는데?"

상대방이 관심을 가지고 있는 일이 무엇인지 그것을 찾아내려 하니까 어렵게 느껴지는 것이다.

기본적으로는 상대방의 생각에 공감과 지지, 응원을 해주는 것만으로도 충분하다. 상대의 마음의 고통을 이해하려는 자세만 갖추고 있으면 된다.

친구에게 들은 이야기이다.

시내 모처에서 초밥 가게를 운영하는 사람이 있는데, 매일 대성황을 이룬다고 한다. 사실, 그 가게의 주인인 W(60세)는 원래 무역회사에 근무하던 엘리트였다. 그런데 오래전에 오일쇼크의 영향으로 회사 경영이 흔들리면서 지방으로 좌천을 당하게 되자, 퇴직하고 초밥 가게에 들어가 10여 년이 넘도록 일을 배운 후에 마침내 자신의 가게를 개업하였다.

지금은 손님들 대부분이 W와 얘기를 나누기 위해 가게를 찾는다고 한다. W가 샐러리맨들의 고통을 이해하고 고민을 들어주는 데에 능숙하기 때문이다.

실제로 내 친구도 그 가게의 단골손님인데, 그 초밥 가게에 대해 이렇게 말했다.

"그 가게에 가서 주인과 짧은 시간이라도 이야기를 나누다 보면 일 때문에 쌓인 스트레스들이 모두 사라져버린다니까. 일 때문에 고민을 하고 있으면 용기를 심어주고 격려를 아끼지 않는단 말야. 우리 샐러리맨들에게 있어서 그 가게는 마치 오아시스 같은 존재야."

W의 태도는 우리에게 시사하는 바가 크다. 상대방이 무엇인

가 고민을 가지고 있다면 일단 상담에 응하여 상대방의 모든 생각을 받아들여 준다. 설령 자신의 의견과 상반되는 내용이라고 하더라도 일단은 상대의 말과 생각을 그대로 받아들이고, 상대의 입장에 서서 무슨 말을 어떻게 해주어야 즐거워할 수 있을까 판단하면서 대해준다면 당신의 평판은 틀림없이 높아질 수밖에 없을 것이다.

성공하는 사람들의 생각과 실행법칙

인간관계는 거울 같은 것이다. 당신이 상대에게 공감하면 상대도 당신에게 공감해준다. 당신이 상대를 지지하고 응원해주면 상대도 당신에게 마찬가지 태도를 보인다. 이러한 신뢰 관계가 인생을 발전시키는 초석이다.

콤플렉스를 장점으로 전환하는 테크닉을 익혀라

타인의 자존심과 열등감을 이용하고 배려하라

자존심과 열등감은 종이 한 장 차이다. 어떤 의미에서는 표리일체의 관계라고도 할 수 있다. 누구나 어느 정도의 열등감은 있다. 문제는 열등감의 노예가 되느냐, 아니면 그것을 극복하느냐에 달려 있다. 이번 장은 다른 사람을 존중하면 풍요로운 삶을 누릴 수 있다는 관점에서 내용을 전개하고 있는데, 또 한 가지 효과적인 테크닉을 소개해보자.

"자신의 단점이나 콤플렉스가 마음에 걸리면 그것을 긍정적인 방향으로 전환시켜라."

하라주쿠의 미용실에는, 28세의 나이인데도 불구하고 월수입이 수백만원이 되는 미용사(M)가 있다. 그 가게는 M이 있기 때문에 운영된다고 할 만큼 손님들 대부분이 그를 지목한다. 그가 이런 인기를 얻는 이유는 실력이 좋기 때문이기도 하지만 그의 인간성, 즉 그와 이야기를 하다 보면 자신의 용모에 자신감을 가질 수 있다는 이유가 더 크다. 예를 들어, 약간 통통한 여성 손님에게 일반 미용사들은 헤어스타일을 바꿔 전체적으로 조금이라도 날씬하게 보일 수 있도록 신경을 쓰지만 M은 그렇지 않다. 통통하다는 이미지를 최대한 좋은 방향으로 살리기 위해 손님에게 다음과 같이 충고한다.

"약간 통통해 보인다는 점에 신경을 쓰시는 것 같은데 아름다움에 관한 의식은 사람마다 다르잖아요. 그럼 굳이 무리해서 날씬하게 해보일 필요는 없다고 생각합니다. 손님은 현재 충분히 매력적이고 아름답습니다. 오히려 귀여운 이미지를 살리기 위해 헤어스타일을 이런 식으로 하는 것이 어떻겠습니까?"

다른 손님에 대해서도 마찬가지이다.

"키가 너무 크다고 고민하시는 것 같은데 손님에게는 이런 헤어스타일이 좋습니다. 큰 키에 신경을 쓰느라 허리를 구부리고 걷는 것보다는 모델처럼 가슴을 펴고 걷는 것이 훨씬 더 매력적이잖아요?"

이런 식으로 진심어린 충고를 해주면 모두가 즐거운 기분을 만끽할 수 있다. '같은 돈을 줄 바에야 기분 좋게 해주는 사람이 좋다'라는 생각이 들게 되면서 M의 지명도는 하루하루 높아만 가고 있다. 당사자는 결점이라고 느끼더라도 다른 사람의 입장에서 보면 장점이나 매력으로 비치는 경우는 얼마든지 있다. 머피의 말이지만 단점이나 장점은 표리일체의 관계에 있다. 당신도 M처럼 다른 사람이 결점 또는 콤플렉스라고 생각하는 것을 장점으로 살려주면서 자존심을 높여줄 수 있는 말을 자주 하는 것이 어떨까. 예를 들어, 주위 사람들로부터 인색하다는 말을 듣고 고민하는 사람이 있다면 이런 식으로 말해준다.

"고민하지 마세요. 인색하다는 것은 그만큼 경제적인 관념이 발달해 있다는 증거지요. 그러니 그것은 오히려 장점이지요."

그럴 경우 그들은 자신감을 가지게 되며, 따라서 당신에게 무슨 일이 생긴다면 믿음직한 아군이 되어 줄 것이다. 그것은 금전운을 향상시키는 계기도 된다.

사람은 누구나 결점이나 콤플렉스를 가지고 있다. 그리고 본인이 그것을 부정적으로 해석하기 때문에 더욱 신경을 쓴다. 그럴 경우 긍정적으로 해석할 수 있는 동기를 만들어 준다면 그만큼 상대방의 마음이 즐거워질 수밖에 없다.

성공하는 사람들의 생각과 실행법칙

성공한 사람들은 다른 사람의 결점이 눈에 띄면 그것을 장점으로 바꾸어 말하는 재주가 탁월하다.

칭찬은
바보를 천재로 만든다

칭찬은 상대에게 자신감과 안도감을 심어 준다

한 사람의 장점을 알아주고 활용토록 해주는 것이 칭찬이다. 바보들보다는 많은 평범한 사람의 장점을 활용할 수 있어야 한다. 장점을 보는 데에 7의 힘을 쏟고, 결점을 보는 데에 3의 힘을 쏟으라는 말이 있다.

여기에서 머피와 관련된 에피소드 한 가지를 소개해보자.

지금부터 약 30여 년 전의 일이다. 머피는 텍사스에 있는 레스토랑의 지점장으로부터 이런 상담을 받았다.

"몇 번씩이나 주의를 주었는데도 점원들의 태도가 거칠어서 손님들이 갈수록 줄어들고 있습니다. 그 때문에 매상이 계속 떨어지고 있습니다. 이 상태가 지속되면 저는 해고당할지도 모릅니다. 머피 박사님, 제가 어떻게 해야 하겠습니까?"

지점장의 고민을 들은 머피는 이렇게 되물었다.

"점원들의 태도가 거칠다고 말씀하셨는데, 혹시 당신이 점원들을 대할 때에 거친 태도를 보이는 것은 아닙니까?"

지점장이 그런 것 같다고 고개를 끄덕이자, 머피는 다음과 같이 충고를 했다.

"이 세상의 인간관계는 거울과 같은 것입니다. 그게 법칙이지요. 당신이 점원들을 거친 태도로 대하는 한, 점원들의 거친 태도는 절대로 개선되지 않을 것입니다. 점원들의 거친 태도를 탓하기 전에 당신 자신의 거친 태도부터 반성하고 고치십시오. 그리고 앞으로는 부드럽고 상냥한 말투로 점원들을 대하십시오. 그리고 자주 칭찬을 해주도록 하십시오. 그렇게 하면 분위기가 반드시 개선될 것입니다."

그 후 지점장은 머피의 충고를 받아들여 점원들을 가능하면 부드럽게 대하려고 노력했다. 그리고 기회가 있을 때마다 이런 식으로 칭찬을 했다.

"안녕, 루시! 헤어스타일이 바뀌었는데! 그 옷도 잘 어울려. 역시 루시의 패션 센스는 알아주어야 한다니까."

"헨리, 자네에게 늘 감탄하지만 자네는 계산에 빈틈이 없어. 대단해."

그러자 어떻게 되었을까? 한 달도 채 지나지 않아 점원들의 거친 태도가 거짓말처럼 바뀌었고 내리막길로만 달리던 매상이 바로 회복되었다. 그뿐이 아니다. 3년 후에는 텍사스주에서 최고의 매상을 올리는 레스토랑으로 성장했는데, 그 공로를 인정받은 지점장은 캘리포니아지역을 담당하는 매니저로 발탁되어 많은 급료를 받게 되었다.

실제로 거부를 이루는 데에 성공한 사람들은 모두 다른 사람을 칭찬하는 기술이 뛰어나다. 무일푼 상태에서 억만장자가 된 H는 이렇게 단언했다.

"칭찬과 금전운은 비례한다. 칭찬을 많이 하면 할수록 돈도 많이 들어온다. 사람은 누구나 칭찬을 받으면 기분이 좋아지고 의욕이 생겨난다. 그러면 회사와 사장을 위해 더욱 열심히 일해주기 때문이다."

"사람을 꾸짖을 때에도 아무렇게 해서는 안 된다. 무조건 화를 낸다고 해결이 되는 경우는 거의 없지 않은가. 70%를 칭찬하고 30%를 꾸짖는 식으로 비율을 조절하는 것이 좋다."

상대방의 잘못을 지적하는 경우에도 먼저 장점을 인정해준 뒤에 단점을 지적하며 주의를 주는 태도가 중요하다.

"자네는 왜 이렇게 오타가 많아. 빨리 끝내면 뭐하나, 정확하지 않은데."

이렇게 일방적인 방식보다는 다음과 같은 말투가 훨씬 더 바람직하다.

"자네는 워드프로세서 조작이 정말 능숙해. 엄청 빠르단 말이야. 오타만 없다면 너할 나위 없이 완벽할 텐데."

이런 말을 듣는다면 누구나 기분이 좋을 것이고, 반발하고 싶은 마음이 엷어져 상대방에게 호감을 품을 것이다.

당신도 상대방의 장점을 발견하기 위해 노력하라. 나쁜 점을 지적하는 것보다는 좋은 점을 먼저 칭찬해주는 것이 양쪽 모두에게 유리하다.

성공하는 사람들의 생각과 실행법칙

다른 사람으로부터 사랑을 받는 사람은 칭찬을 잘한다. 칭찬은 상대에게 자신감과 안도감을 심어주기 때문이다.

풍요로운 삶을 누릴수록
더욱 감사하는 마음을 가져라

자비는 그대의 풍요함과 부유함이 저절로 흘러나오는 것이다

라즈니쉬는 말한다.

"자비란 그대가 무엇인가를 주었을 때 도리어 그것을 받은 사람에게 그대가 고마워하는 그런 것이다. 즉, 그대가 아무 생각 없이 준다면 분명 그 사람에게 고마움을 느낄 것이다. 그대가 뭔가를 준다는 것은 그대가 많이 가지고 있다는 것이 아닌가? 그렇지 않다면 어떻게 줄 수가 있겠는가? 그건 남이 필요로 하기 때문이 아니다. 자비는 그대의 풍요함이, 그대의 부유함이 저절로 흘러나오는 것이다."

지금까지 금전운을 향상시켜 많은 돈을 모은 사람들의 경우를 소개하면서 다른 사람을 존중하기 위한 비결에 대해 설명을 했다.

그 포인트는 상대방의 자존심을 높여주자는 것이었다. 그 방법으로서는 다음의 포인트를 소개했다.

1) 부와 성공은 물론 불행도 사람이 몰고 온다고 생각한다.
2) 상대의 자존심을 지켜주고 존중하라.
3) 사람은 누구나 인정받고 싶어 한다.
4) 사람은 누구나 자신에게 관심을 가져주기를 바란다.
5) 사람은 누구나 마음의 고통을 분담해주기를 바란다.
6) 타인의 결점과 콤플렉스를 배려한다.
7) 사람은 누구나 칭찬받고 싶어 한다.
8) 항상 감사하는 마음으로 살기 위해서 노력한다.

여기에서 중요한 점은 이 내용들이 각각 분리되어 있는 것이 아니라 보이지 않는 끈으로 하나의 고리처럼 연결되어 있다는 것이다. 나아가, 여기에서 한 가지 명심해야 할 점이 있다. 겉치레나 표면적인 칭찬은 삼가야 한다는 것이다. 즉, 상대방의 기분을 맞추기 위한 칭찬이 아니라 진심으로 상대를 존중해주어야 한다.

그렇게 하려면 자신이 먼저 겸허해져야 한다. 이 경우의 겸허는 단순히 허리를 낮추고 굽실거린다는 의미가 아니라 그 사람 덕분에 자신이 존재한다는, 다른 사람들에 의해 살고 있다는 감사하는 마음을 가지는 것이다.

경영의 신으로 불리고 있는 마쓰시다는 입버릇처럼 이렇게 말했다.

"마쓰시다전기가 이렇게 발전한 것은 결코 나의 경영 능력 때문이 아니라, 모든 사원들이 하나가 되어 나를 지원해주었기 때문입니다."

그리고 그 마음을 표현하기 위해 스스로 주식을 공개했다. 또 원하는 사원이 있으면 앞장서서 자기 집을 담보로 연대보증인이 되어 주었다고 한다.

그렇기 때문에 사원들의 의욕이 향상되었고, 마쓰시다전기는 대기업으로 성장할 수 있었다.

우리는 다른 사람에게 감사하는 마음을 잊어버리기 쉽다. 특히 일이 순조롭게 진행될 때나 성공을 거두었을 때에는 자신에게 재능이 있기 때문이라거나 자신이 노력한 결과라는 식으로 자만에 빠지기 쉽다. 그러나 바로 이런 자만이 몰락과 쇠퇴의 원인이 된다.

가난과 영원히 인연을 끊고 싶다면 다른 사람들 덕분에 자신이 존재하며 행복을 누릴 수 있다는 마음을 가지고, 익을수록 고개를 숙이는 벼의 자세가 되어야 한다. 이런 자세만이 당신이 돈 보따리를 발견하도록 도와주는 것이다.

　다른 사람을 존중하기 위한 비결을 어느 정도 마스터했다면, 다른 사람에게 기쁨을 주고 행운을 부르는 테크닉을 마스터할 필요가 있다.

성공하는 사람들의 생각과 실행법칙

정신적이든 물질적이든 부가 찾아오는 모든 과정은 '감사'라는 한마디로 요약할 수 있다. 당신이 감사하는 마음을 가지지 않는다면 풍요로운 삶은 누리기 어렵다.

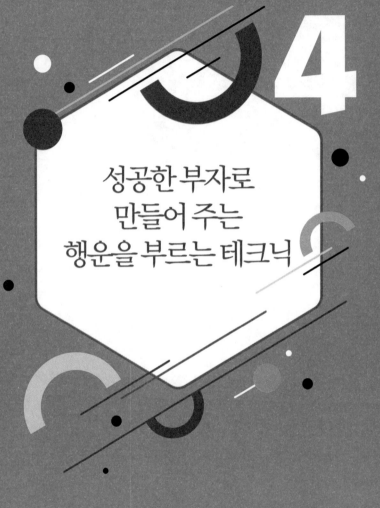

성공한 부자로
만들어 주는
행운을 부르는 테크닉

해야 할 일을 하고 있는가! 이것은 가장 중요한 과제이다.
왜냐하면, 당신의 인생에 있어서 오직 하나의 의미는
신이 원하시는 이 짧고 제한된 시간 속에서
하고 있는가 아닌가에 달려있기 때문이다.
당신은 지금 당신이 해야 할 일을 하고 있는가 뒤돌아볼 때이다.

- 파스칼

사람들에게 기쁨을 주면 자신이 더 즐거워진다

웃으면 이 세상도 함께 웃지만 울 때는 나 혼자서 울게 된다

급격한 성장을 이루어 지금은 수십 개의 체인점을 거느린 종합 디스카운트스토어 '돈키호테'의 사장은 한 텔레비전 프로그램에서 돈키호테가 발전한 비결이 무엇이냐는 질문에 이렇게 대답했다.

"굳이 비결이 있다면, 고객에게 기쁨을 준다는 마음을 유지하였다는 것입니다. 늘 고객에게 기쁨을 주려면 어떻게 해야 하는지 생각하다 보면, 고객을 위한 여러 가지 아이디어가 떠오르곤 하지요."

돈키호테는 값이 싸다는 디스카운트 기능, 편리하다는 편의점 기능, 즐겁다는 오락 기능 등의 세 가지로 항상 고객에게 기쁨을 준다는 경영전략 3원칙을 삼고 있었다. 예를 들면, 상품의 판매방법도 다른 가게와는 완전히 다르다. 다른 슈퍼마켓이나 할인상점

보다 비싼 상품이 있으면 그 차액을 고객에게 돌려주는 시스템을 일찍부터 채택하고 있다. 또 일반적인 편의점에서는 취급하지 않는 가전제품, 시계, 패션용품, 스포츠레저용품, 의약품 등을 취급한다. 돈키호테에 가면 무엇이든 구할 수 있다는 믿음을 고객에게 주는 것이다. 그리고 가게를 찾아오는 손님들에게 무료로 차를 서비스하거나 지점에 따라서는 마사지코너나 휴게실, 흡연구역, 게임코너 등을 설치하여 휴식공간을 제공하고 있다. 그러니 돈키호테를 찾아오는 고객들은 쇼핑을 하든, 하지 않든 모두 즐기는 기분을 맛보고, 따라서 그곳에 있는 것만으로도 기쁨을 느낀다.

다른 사람에게 기쁨을 주면 그것은 그 사람의 행복이 될 뿐만 아니라 자신에게도 어떤 형태로든 되돌아온다. 다른 관점에서 말한다면, 사람은 다른 사람으로부터 기쁨을 선물 받으면 그 사람에게 호감을 느끼고 그 호감은 상대를 위해 무엇인가 도움이 되고 싶다는 마음으로 발전한다. 이 기쁨과 호감이 사람들에게 재산을 몰아주는 것이다.

성공하는 사람들의 생각과 실행법칙

자신에게 이익이 되지 않는 일에 대해서는 결코 아무도 칭찬하려 하지 않는다. 찬사는 교묘하고도 은밀하면서 미묘한 아첨이다. 주는 자와 받는 자를 모두 만족시키기 때문이다.

들어서 기분 좋은 말은
의욕을 불태우게 한다

다른 사람이 기뻐할 수 있는 말을 사용할 줄 알아야 성공한다

다른 사람이 들으면 기분이 좋은 말을 하자.. 같은 말이라도 표현 방법이나 말투를 바꾸는 것만으로도 상대에게 주는 인상이 완전히 달라진다.

앞에서 언급한 바 있는 돈키호테의 사장은 점원들에게 늘 이런 말을 강조한다고 한다.

"고객에 대한 말투에 항상 최대한 신경을 쓰십시오. 이것만 지킨다면 점포의 입지조건이 아무리 나빠도 기본적인 매상은 올릴 수 있습니다. 만약 고객이 품절상품을 찾을 경우, 지금은 없기 때문에 그 상품은 팔 수 없다는 식의 성의 없는 답변은 하지 마십시오. 지금은 품절되었지만 언제까지 반드시 준비해두겠다고, 고객에게 희망적인 말을 해주십시오."

이런 이야기를 하는 이유는, 다른 사람에게 기쁨을 안겨주기 위한 기본이 바로 말투에 신경을 쓰는 것이기 때문이다. 물론 반론을 제기하는 사람도 있을 것이다.

"나는 장사꾼이 아니다. 회사에서 컴퓨터를 다루는 일을 하니까 그런 것과는 전혀 관련 없다."

그러나 이는 아주 잘못된 생각이다. 회사라는 조직 안에서 생활하는 사람이야말로 말투에 한층 더 신경을 써야 한다. 예를 들어, 당신이 중간관리자로서 부하직원 몇 명을 거느리고 있다고 가정해보자. 그리고 A와 B 두 직원에게 똑같이 이런 지시를 내렸다고 하자.

"내일 아침 10시에 잡혀 있는 회의 자료를 오늘 안으로 제출하게."

그러자 A는 이렇게 대답했다.

"죄송하지만, 너무 바빠서 오늘 안에는 작성하기는 힘들 것 같습니다."

반면에 B는 이렇게 대답했다.

"오늘 안에 작성하기는 힘들겠지만 내일 아침 9시까지는 반드시 작성하겠습니다."

당신은 어느 쪽에 호감이 가는가? 또 이것은 실제로 내가 체험한 이야기인데, 과거에 C와 D 두 명의 만화가에게 간단한 컷을 부탁했더니 우연히 두 사람 모두 일이 바빴던 듯 각각 이런 식으로 대답했다.

"지금 너무 바빠서 일을 맡을 수 없습니다. 다음 기회에 만나도록 하지요."(C)

"지금 공교롭게도 일이 너무 바빠서 바로 손을 대기는 어려울 것 같군요. 죄송합니다만, ○○까지 기다려주실 수는 없겠습니까?" (D)

내가 어느 쪽에 호감을 가졌는지 굳이 설명할 필요도 없을 것이다.

사람들이 들으면 기분이 좋아질 수 있는 말, 희망을 가질 수 있는 말 그리고 적극적인 기분을 가질 수 있는 말을 자주 이용하는 것도 다른 사람에게 기쁨을 안겨주는 데에 빼놓을 수 없는 요소이다.

처음에는 말만이라도 좋으니까 상대가 들어서 기분이 좋아질 수 있는 표현방법을 명심해두도록 하자. 극단적으로 말하자면 마음은 전혀 깃들어있지 않아도 좋다. 표면적으로라도 자주 사용하다 보면 습관이 되고, 그렇게 되면 사고방식이나 행동도 동화되기 마련이다. 그 순간, 당신에 대한 주위 사람들의 평가는 크게 바뀌게 된다.

또한 다른 사람에게 감사하는 말이나 인정이 깃들어 있는 말을 자주 해야 한다는 것도 잊지 말아야 한다. 아무리 사소한 것이라 해도 다른 사람에게 도움을 받았을 때에는 반드시 고맙다는 인사를 하자. 당신이 직장에서 부하를 거느린 상사라면 동료나 부하직원이 먼저 퇴근하더라도 반드시 수고했다거나 고생했다는 말을 하는 것이 상식이다.

어쨌든 다른 사람에게 기쁨을 주는 말을 사용하는 것은 그렇게 어려운 일이 아니다. 당신이 들어서 기분 좋은 말, 의욕이 생기는 말을 먼저 상대에게 해주면 된다.

성공하는 사람들의 생각과 실행법칙

상대의 기분이 즐거워질 수 있는 말을 찾아내어 그 말을 자주 사용하라. 이런 태도가 습관이 되면 당신의 인생이 풍요로워지는 토대가 된다.

한번 한 약속은
반드시 지킨다

약속을 지키는 최선의 방법은 약속을 하지 않는 것이다

사람은 누구나 약속이 얼마나 중요한가를 익히 알고 있다. 역설적으로 약속을 제대로 지키기가 어렵다는 것이 이를 반증하지 않는가. 오랜 약속보다 당장의 거절이 낫다. 해놓은 약속은 미지불의 부채이기 때문이다.

나는 샐러리맨생활을 이제 갓 벗어난 젊은 프리랜서들에게 다음과 같은 충고를 자주 해준다.

"프리랜서로서 성공하기를 바란다면 무엇보다도 약속만큼은 무슨 일이 있어도 지키도록 하십시오. 이것은 기본 중의 기본입니다."

내가 이런 말을 하면, 경우에 따라서는 이맛살을 찌푸리는 사람도 있지만 세상은 모두 약속으로 성립되어 있으며 약속이 쌓여서 신뢰를 만들어낸다.

실제로 나는 출판과 관련된 모임에 들어서 프리랜서로 일하는 작가, 번역가, 디자이너, 만화가 등 자유로운 직종에 있는 사람들과 교분이 많은 편인데, 나름대로 수입을 얻고 바쁘게 활약하는 능력 있는 사람들을 관찰해보면 모두 약속을 확실하게 지킨다. 즉 그들은 모두 실력이나 센스도 좋지만, 마감 기일까지 반드시 일을 끝낸다.

글을 써서 연봉 수천만원 이상을 벌고 있는 자유기고가 I가 내게 이렇게 잘라 말한 적이 있다.

"지금까지 약속을 지켰기 때문에 많은 출판사로부터 신용을 얻을 수 있었습니다."

반대로 일이 거의 없어서 돈벌이가 되지 않는다고 탄식하는 프리랜서들이 일하는 모습을 관찰해보면 그들이 약속을 제대로 지키지 않는다는 것을 알 수 있다.

그들은 마감 기일에 며칠 늦는다고 하더라도 상대방이 이해해줄 것이라는 안일한 사고방식이 은연중 마음속에 깔려 있기도 하다. 그중에는 마감 기일을 지키는 것이 중요한 게 아니라 좋은 작품을 완성하는 것이 더 중요하다는 식으로 마감 기일을 완전히 무시하는 사람도 있다. 그런가 하면, 오히려 마감 기일을 꼬박꼬박 지킨 사람들을 융통성이 없는 사람이라고 못마땅해하기도 한다. 그런 사람들은 아무리 실력이 뛰어날지라도 신용을 얻을 수가 없다.

잡지를 한 권 발행하는 데에도 빠듯한 제작 스케줄이 있다. 레이아웃은 누구에게 부탁하고 원고는 언제 들어와야 하며 그 며칠 후에 출간을 한다는 계획이 정확하게 잡혀 있는데, 특집기사를 담당하고 있는 작가가 매달 마감 기일을 지키지 않는다면 어떤 일이 일어나겠는가? 이 작업에 참여한 사람들은 그 한 사람 때문에 작업이 늦어져 일을 제대로 할 수 없으므로 다른 사람에게 맡기자고 반발할 것이 자명하다.

이것은 출판이나 광고업계에서 생활하는 프리랜서에게만 한정된 이야기가 아니다. 다른 업종에 종사하는 모든 사람에게도 통용된다.

상대가 누구이든 한번 약속을 했으면 어떠한 경우에도 반드시 지키도록 하자.

회사에 출근하는 시간, 비즈니스 상담을 위한 약속, 완성된 상품의 납기일, 데이트 약속 등 공적인 일이나 개인적인 일에서도 마찬가지이다. 또 빌린 물건은 반드시 되돌려주어야 한다는 점도 중요하다. 돈은 말할 필요도 없고 책이나 CD를 빌린 경우에도 반드시 고맙다는 말과 함께 되돌려주도록 하자.

이런 자세를 유지하면 주위 사람들은 당신에게 안도감, 아니 친근감까지 느낄 것이다. 그리고 이런 안도감과 친근감이 결국은 신뢰를 쌓는 기반을 만든다.

신뢰란 뒤집어 말하면 상대가 당신의 언행으로 안도와 기쁨을 얻는 과정이다.

성공하는 사람들의 생각과 실행법칙

상대에게 좋은 인상을 심어주려면 상대가 쉽게 잊어버릴 수 있는 사소한 약속이라도 반드시 지켜야 한다. 이것이 다른 사람들로부터 신뢰를 얻고 좋은 평가를 받는 비결이다. 약속을 지키지 않는 사람에게는 돈을 빌려 주지 않는다.

필요한 지식이나 정보를 제공한다

지식과 정보는 뿌린 만큼 돌아온다

서비스란 자신만의 노하우를 제공하는 것이다. 이를 팔면 장사가 되고 그냥 주면 봉사가 되는 것이다. 사업에서는 투자하지 않으면 절대로 거저 얻지 못한다.

자신만의 지식과 정보를 제공하라.

하와이 오아후 섬에서 숙박업소를 운영하는 동양인 부부가 있다. 이 부부가 운영하는 숙박업소는 오아후 섬의 유일한 관광지인 와이키키해변에서 자동차로 30분 정도 떨어진 장소에 위치해 있지만, 사람들이 쉴 새 없이 찾아들어 몇 달 전에 예약을 해야 숙박이 가능하다고 한다.

와이키키해변에서 꽤 멀리 떨어져 있는 장소에 위치한 작은 숙박업소인데도 불구하고 주변에서 부러워할 정도로 이렇게 번성하는 이유는 무엇일까?

흥미를 느낀 나는 그 부부를 잘 아는 사람에게 그 이유를 물어보았다.

"한마디로 표현한다면, 가이드북에는 실려 있지 않은 지식이나 정보를 자세히 가르쳐주기 때문일 것입니다."

그 부부의 남편 U는 항공회사에 근무하는 동안 하와이를 왔다 갔다 하면서 하와이의 매력에 이끌려 언젠가 반드시 하와이에서 살면서 나름대로 일을 해보고 싶다는 생각을 하였다. 50세가 되자, 회사를 퇴직하고 작은 숙박업소를 싼 가격에 인수하여 하와이에 영주하게 되었는데, 하와이에서 생활하기 시작한 이후 이런 의문을 느꼈다고 한다.

"하와이의 호텔이나 현지 여행업자는 한국인이나 일본인들에게서 돈을 뜯어내는 데에만 신경을 쓴다. 그들이 영어를 잘 모른다고 생각하고, 같은 음식이라도 유럽인이나 미국인인 경우에는 20달러를 받으면서 동양인들에게는 그 두 배인 40달러를 받아내고, 옵션을 선택하는 경우에도 서양인들에게는 10달러를, 동양인들에게는 그 세 배인 30달러나 받아낸다. 이런 차별이 있을 수 있다니."

그래서 U는 자신의 숙박업소를 찾는 동양인 여행객들에게 다음과 같이 충고해주기 시작했다.

"해양스포츠를 즐기고 싶으면 어디어디에 있는 현지 여행사를 이용하십시오. 그곳은 가격도 싸고 고객을 대하는 태도가 아주 양심적입니다."

"어느 가이드북에서 A라는 스테이크 음식점을 추천하고 있지만, 그곳은 가격만 비싸고 친절하지도 않으며 맛도 그리 좋은 편이 아닙니다. 어차피 스테이크를 드실 생각이라면 어디어디에 있는 B음식점을 이용하십시오. 그곳이 친절하고 가격도 싸고 맛도 좋습니다."

이런 식으로 여행객의 욕구에 맞추어 여러 가지 정보를 제공하고 쾌적한 여행이 될 수 있도록 협력하기 때문에 손님들도 크게 만족하고, 주변에 있는 사람들에게 적극적으로 소개해주어 예약도 증가했다는 것이다.

당신도 U의 이런 자세를 배워야 한다. 자기가 할 수 있는 범위 안에서 충분하다. 다른 사람에게 지식이나 정보를 제공해주도록 하자. 누군가 난처한 상황에 빠져있다면 귀담아 들어주고 최선의 배려를 베풀도록 하자.

"컴퓨터를 다루다가 모르는 점이 있으면 어려워하지 말고 언제든지 물어보게."

"값싸고 맛있는 이탈리아음식점을 알았어. 아주 친절하고 서비스도 좋은 곳이야. 장소를 알려 줄 테니까 애인과 함께 다녀오라고."

이런 정도의 내용으로도 충분하다. 상대를 배려하는 마음, 친절한 마음이 상대에게 기쁨을 주고, 그 마음이 쌓이면 복이 되어 돌아오는 것이 우리가 살고 있는 세상의 이치이다.

성공하는 사람들의 생각과 실행법칙

돈을 늘리는 비결은 모든 정보와 지식을 혼자 독점한다는 발상에서 벗어나는 것이다. 다른 사람을 위해 정보와 지식을 제공하게 되었을 때 당신의 부는 늘어난다.

어려운 상황에 처한 사람을
진심으로 돕는다

거지에게 침대를 주면 거지는 보답으로 벼룩을 줄 것임을 각오하라

도움이란 어쨌든 어려운 사람에게 베푸는 손길이다. 진정 도우려거든 힘들고 어려운 사람에게 도움을 주라.

사실 U부부의 경우, 영업이 성장한 또다른 비결은 이들이 자기들의 인맥을 소개하고 동원하여 여행자들의 고민이나 어려운 일을 적극적으로 해결해준다는 점이었다. U부부의 숙박업소를 이용하는 사람들 대부분은 단체관광이 아니라 개인별 여행상품을 이용한다. 그래서 그들에게 도움이 될 수 있도록 다음과 같은 정보도 제공한다고 한다.

"혹시라도 병이 나거나 다치게 되면 ○○병원으로 가십시오. 그곳 의사나 간호사들은 참 친절하거든요. 필요하신 경우에는 제가 소개해드리지요."

"예상치 못한 사건이 생기거나 어려운 일이 있으면 주저하지 마시고 저에게 말씀해주십시오. 실력 있는 변호사를 소개해드리지요."

실제로 나와 절친하게 지내는 S도 U부부에게 큰 신세를 진 적이 있었다. S는 몇 년 전 하와이에 도착하자마자 감기에 걸려 고열이 발생했다. 그때 S는 U의 숙박업소가 아니라 와이키키해변 근처에 있는 호텔에 숙박하고 있었는데, 동행한 부인이 U에게 도움을 청하자 한밤중인데도 불구하고 자동차로 그곳 호텔까지 달려와, 평소에 잘 알고 지내는 의사에게 데려다주었다. 다행히 열이 내려 무사히 귀국할 수 있었는데, 그때 S는 저절로 이런 마음이 들었다고 한다.

"교통이 편해서 와이키키해변의 호텔에서 묵었지만, 다음에 하와이에 갈 때에는 무슨 일이 있어도 U의 집을 이용해야겠어. 그렇게 하지 않으면 U에게 면목이 서질 않아. 다른 사람에게도 소개해야지."

일반적으로 숙박업소의 주인은 자신의 집에 묵고 있는 손님에게만 신경을 쓴다. 그러나 U는 과거에 그 부인이 자신의 집에 묵었다는 이유만으로 최선을 다해서 S를 보살펴주었다. U의 인정에 S가 감동을 한 것은 당연한 결과이다.

당신도 난처한 상황에 놓인 사람에게 보답 따위는 기대하지 말고 도움의 손길을 내밀도록 하라. 그렇게 하면 결과는 어떻든 상대는 크게 감동할 것이고 당신에게 고마워할 것이다. 그리고 언젠가 반드시 그 은혜를 갚겠다는 마음으로 당신에게 무슨 일이라도 생긴다면 앞장서서 도와줄 것이다.

돈이 관련된 일이라면 더욱 그렇다. 같은 물건을 구입할 바에야 가격이 약간 더 비싸더라도 도움을 받은 사람이 운영하는 가게를 이용하는 것이 인지상정일 것이다. 만약 상대가 보답하지 않더라도 결코 화를 내서는 안 된다. 언젠가 반드시 다른 형태로라도 당신에게 돌아올 것이기 때문이다.

성공하는 사람들의 생각과 실행법칙

상대가 난처한 상황에 놓여 있거나 고민에 빠져 있을 대에 최선을 다해 도와주어라. 상대는 감동하고 당신이 가장 바라는 것이 이루어지도록 역시 최선을 다해 도와줄 것이다. 물론, 돈도 예외는 아니다.

친절과 배려는
주는 만큼 돌아온다

최선의 마음으로 상대를 배려한다

다른 사람을 대할 때에 그 사람의 몸도 나와 같이 소중하게 여겨야 한다. 내 몸만이 귀한 것은 아니다. 남의 몸도 중하다는 것을 잊지 말아야 한다. 남에게 바라고 싶은 일을 자신이 먼저 하도록 하자. 친절과 배려는 주는 만큼 내게 되돌아오는 법이다.

다른 사람에게 기쁨을 주기 위한 기본 테크닉 다섯 번째는 최선을 다해 상대를 배려하는 것이다. 이 또한 그렇게 어려운 일이 아니다. 당신이 바라는 일을 상대에게 먼저 베푸는 것이라고 생각하면 간단하다.

일찍이 데이코쿠호텔에 다케우치 도시코라는 베테랑급 접객담당자가 있었다. 그녀는 찰리 채플린, 헬렌 켈러, 마릴린 먼로, 비틀

즈, 알랑 드롱 그리고 최근에는 아이아코카, 빌게이츠 등의 유명 인사들을 접객했던 사람인데, 이런 큰 임무를 맡게 된 것은 그녀가 다른 담당자들에게서는 찾아보기 어려운 매력을 갖추고 있기 때문이다. 그 매력을 한마디로 정리한다면 그녀만의 인정, 즉 배려하는 마음이다. 그녀의 경우, 오랜 세월의 경험으로 만든 독특한 매뉴얼을 손에 들고 고객이 도착하기 전에 점검을 시작한다.

"카펫에 얼룩은 없는가?"

"창문은 더럽지 않은가?"

"테이블에 손때가 묻어 있지는 않은가?"

이런 식으로 세부적인 점검을 한다. 또 실온 조절에도 세심한 주의를 기울여, 표준 23도로 유지하면서 더운 나라의 고객이 숙박할 때에는 24도, 추운 나라의 고객이 숙박할 때에는 21~22도로 조절한다. 일반 고객을 대할 때에도 예외는 아니다. 언제, 어떤 경우에도 세심한 주의를 기울이는데, 테이블에 빈 와인병이 놓여 있으면 그 고객이 와인을 좋아한다고 판단하여 와인을 보충하는 것은 물론, 와인글라스도 갖추어둔다. 또 침대 위의 베개가 발치에 굴러다니면 잠버릇이 나쁜 것이라고 판단하여 그날 밤부터는 발치에도 베개를 준비해둔다. 즉, 그녀는 호텔의 접객담당자로서 당연한 의무 이외에 플러스 알파에까지 세심히 배려하며 어떻게 해야 고객에게 기쁨을 안겨줄 수 있는지, 어떻게 해야 고객이 편안한 마음으로 숙박할 수 있는지를 끊임없이 생각하는 것이다.

그녀의 이런 배려는 우리에게도 많은 참고가 된다. 당신도 다른 사람이 나에게 그렇게 해주었을 때 기뻐할 수 있는 일을 먼저 다른 사람에게 해주도록 하라.

1) 무더운 여름, 외출했다가 돌아오는 동료를 위해 시원한 음료수를 준비해 둔다.

2) 외출할 때, 우체국이나 문방구에 들러 상사나 동료가 필요로 하는 물건을 구입해 준다.

3) 직장동료가 무거운 짐을 들고 있다면 스스럼없이 도와준다.

4) 비흡연자 앞에서는 절대로 담배를 피우지 않는다.

5) 바쁜 친구를 위해서 음악회 입장권을 구입해준다.

이런 사소한 일도 배려를 갖추고 실행한다면, 그만큼 상대방은 감동하고 마음이 밝아지게 된다.

성공하는 사람들의 생각과 실행법칙

다른 사람에게 인정을 베풀어라. 인정을 베풀면 베풀수록 당신은 호감을 얻게 되고 호감을 얻으면 기회도 늘어난다. 부자들은 모두 이런 인정과 배려를 통해서 기회를 붙잡았다는 점을 잊지 마라.

자신의 행복보다
남의 불행을 먼저 생각한다

난처한 상황에 놓여 있을 때 최선을 다하는 행위만큼 숭고한 것은 없다

은혜를 베풀려면, 조금씩 성의 있게 베풀어라. 은혜도 도가 지나치면 강매된다. 도움을 받는 이의 입장을 배려하라. 행복을 나누어 주는 사람은 별로 없지만, 해로움을 끼치는 일이라면 누구라도 쉽게 할 수 있기 때문이다.

기쁨을 주기 위한 기본 테크닉의 일환으로 어려운 상황에 놓인 사람이 있다면 도움의 손길을 뻗치는 것이 중요하다고 설명했는데, 일반적으로 자신의 인생이 순조롭게 진행될 때에는 대부분 다른 사람을 포용할 수 있는 여유를 가진다. 그러나 일단 자신의 생활이 궁지에 몰리면 다른 사람에게 신경을 쓸 겨를이 없다면서 자신의 일에만 몰두한다.

그러나 당신이 난처한 상황에 놓여있을 때야말로 다른 사람에게 최선을 다해야 한다. 왜냐하면 자신이 난처한 상황에 놓여 있을 때에 다른 사람에게 최선을 다하는 행위만큼 숭고한 것은 없으며 그런 행위는 우리 인간의 무한한 잠재의식이라는 우주은행에 기대한 예금을 하는 것과 같기 때문이다.

나와 친분이 두터운 번역가 중에 M이라는 사람이 있었다.

M은 지금부터 약 10여 년 전에 그때까지 근무하던 외국인 출판사를 퇴직하고 프리랜서 번역가가 되었는데, 처음에는 수입이 불안정해서 좀처럼 돈을 모을 수 없었다. 그러나 그는 어려움 속에서도 캠핑카를 구입하기 위하여 매달 조금씩 저금하여 5년 만에 3천만원을 모을 수 있었다.

그러던 중 어느 날 음식점을 운영하는 친구가 예상하지 못한 부탁을 해왔다.

"은행에 융자를 신청했는데 거절당했어. 혹시 가진 돈이 있으면 3천만원 정도 융통해줄 수 있나?"

만약 친구에게 돈을 빌려준다면 자동차 구입은 물거품이 된다고 생각한 M은 처음에는 아주 당혹스러워했다. 그러나 심각한 표정으로 이야기하는 친구의 마음을 이해하자니, 그 돈을 빌려주지 않을 수가 없었다.

"친구에게 빌려준 돈은 언제 돌려받을 수 있을지 알 수 없었지만, 그 돈으로 친구의 가게가 원활하게 돌아갈 수 있다면 그것으로 만족할 수 있다는 생각이 들었습니다. 차를 살 돈은 다시 모으면 된다고 생각했지요."

그 이후 M은 더욱 열심히 일하면서 다시 캠핑카를 사기 위한 저금을 시작했다.

그런데 얼마 후, 어떤 출판사에서 인세 계약으로 출판한 번역서가 베스트셀러를 기록하여 예상치도 않은 큰돈을 움켜쥐게 되었다. 이렇게 해서 M은 예정보다 반년 정도 늦어지기는 했지만, 그렇게 바라던 캠핑카를 굴릴 수 있었고, 최근에는 친구 M으로부터 빌려준 원금에다 이자까지 듬뿍 받았다고 한다.

되풀이 말하지만, 자신도 어려운 상황임에도 불구하고 다른 사람의 부탁을 받게 된다면 누구나 자신의 입장을 내세워 상대의 부탁을 거절하는 경우가 많다. M의 경우도 그렇게 어려운 상황에 놓여 있었던 것은 아니었지만, 목표를 세우고 저축을 하여 마침내 그 목표를 달성하려는 순간이었으므로 얼마든지 그럴듯한 이유를 붙여 친구의 부탁을 거절할 수 있었다. 그러나 그는 그렇게 하지 않았다. 자신의 행복보다 상대의 행복을 우선적으로 생각했던 것이다. 그렇기 때문에 그는 먼저 주면 반드시 받게 된다는 마음의 법칙에 따라 우주은행으로부터 막대한 보답을 받을 수 있었던 것이다.

M과 똑같이 행동하라는 것은 아니지만, 당신이 설혹 어려운 상황에 놓여있더라도 자신이 할 수 있는 범위 안에서 최선을 다하여 친절을 베풀고 응원과 협력을 해주도록 하라. 상대의 불평을 들어주거나 의견을 지지해 주는 것으로도 충분하다. 자신이 도울 수 없는 문제라면 도와줄 수 있는 다른 사람을 소개할 수도 있다. 어쨌든 상대에게 기쁨을 안겨줄 수 있는 일을 했다면 당신은 우주은행에 예금을 한 셈이다.

성공하는 사람들의 생각과 실행법칙

당신이 어려운 상황에 놓여 있을 때, 더 어려운 상황에 놓여 있는 사람을 최선을 다해 도와주어라. 당신은 어느 틈에 당신 자신의 문제가 해결되어 있다는 사실을 깨닫게 될 것이다.

도움을 준 사람에게
보답을 요구하지 않는다

가장 좋은 행복의 방법은 남에게 주는 기쁨을 갖는 것이다

당신의 고민거리를 헤아리지 말고 당신이 받은 축복을 헤아려라. 다른 사람에게 흥미를 가짐으로써 피곤한 자기집중에서 벗어나도록 하자.

머피의 말처럼 최선을 다해 도와준 상대에게 직접적인 보답을 바라지는 말아야 한다. 한 세대에 거부를 구축할 수 있었던 성공한 사람들은 이구동성으로 이렇게 말한다.

"다른 사람을 위해서 최선을 다하면 반드시 행운과 부가 찾아온다."

이것은 단순한 정신론이 아니라 진리이기도 하다.

어째서 빌게이츠가 이끄는 마이크로소프트사가 그런 급성장을 이룰 수 있었을까? 그것은 윈도우즈라는, 사용하기가 훨씬 쉬운 OS를 싼 가격으로 세상에 내놓았기 때문이다. 즉, 빌게이츠는 윈도우즈를 보급해서 세계인들의 생활을 편리하게 해주고 싶다는, 누구나 간단히 컴퓨터를 조작할 수 있는 OS를 싼 가격으로 보급하고 싶다는 꿈을 가지고 있었다.

빌게이츠 스스로가 매출에는 관심이 없었다고 말했듯이, 그에게는 돈에 관한 욕심보다는 다른 사람들을 위해 무슨 일인가 하고 싶다는 의욕이 더 앞서 있었다.

그런 의미에서 다른 사람을 위해 무언가 하고 싶다, 다른 사람을 도와주며 살고 싶다, 다른 사람에게 행복을 안겨주고 싶다는 마음은 경제원칙의 관점에서 보더라도 플러스로 작용한다고 말할 수 있다.

도카이(東海)대학의 창업자인 마쓰마에 시게요시도 이러한 생각을 품었기에 당대에 거대한 사립대학을 세울 수 있었다.

도카이대학은 창립 당시(1940년대 중반), 학생수가 겨우 5백 명에 지나지 않는 조그만 규모의 대학이었다. 그 때문에 대학은 경영이 부실하고 막대한 빚을 지고 갈 수밖에 없었지만, 마쓰마에는 네덜란드와 러시아 등 해외로부터 유학생을 받아들이기로 결심하고, 어떤 강연회에서 일본으로 유학을 희망하는 학생들에게 자신의 포부를 자신 있게 밝혔다.

"열심히 학업에만 정진할 생각이라면 입학금과 수업료를 모두 면제해주겠습니다. 학생들이 걱정하지 않고 공부에만 전념하도록 해주겠습니다."

그러자 한 학생이 물었다.

"그렇다면 학교를 졸업하고 출세한 뒤에 그것을 갚으라는 말씀입니까?"

이 질문에 대해 마쓰마에는 어떻게 대답했을까?

"아닙니다. 여러분이 대학에서 전문지식을 배워 그 지식으로 인류사회의 발전과 평화에 공헌한다면, 그것으로 빚을 갚은 것입니다."

사실, 마쓰마에의 이 발언이 그 후의 도카이대학의 운명을 완전히 바꾸어놓았다. 우연히도 그 강연회에 참석한 미국의 대부호가 마쓰마에에게 깊은 감명을 받고 나중에 다음과 같은 내용의 편지를 보내온 것이다.

"당신의 강연을 듣고 깊은 감동을 받았습니다. 짧은 영어였지만, 그 내용은 정말 멋진 것이었습니다. 나는 당신처럼 훌륭한 교육자에게 투자하고 싶습니다. 1천만달러 정도 기부하고 싶은데 받아주시겠습니까?"

이것이 계기가 되어 도카이대학은 급성장을 이루었는데, 머피의 법칙이라는 관점에서 말한다면 대학교육을 통하여 인류의 발전과 평화에 공헌하고 싶다는 마쓰마에의 이념, 즉 다른 사람에게 소중하고 따뜻한 기쁨을 주고 싶다는 생각이 발전의 계기였다고 설명할 수 있다.

당신도 그처럼 보답을 기대하지 않고 다른 사람을 위해 최선을 다하는 것이 어떻겠는가? 다른 사람에게 기쁨을 주는 것이 어떻겠는가? 그렇게 하면 언젠가 수십 배 수백 배의 보답이 되돌아올 것이다.

성공하는 사람들의 생각과 실행법칙

부를 축적하기 위한 비결은 이기적인 마음을 버리고 다른 사람을 위해 최선을 다하는 것이다. 당신이 바라든지 바라지 않든지 충분한 부가 필연적으로 찾아올 것이다.

타인을 이해하고 배려할 때
균형을 유지한다

사람이 돈을 바라는 가장 큰 요인은 즐거움을 얻기 위해서이다

사람이 인생을 살아가면서 호화로운 저택을 바라는 것도, 고급 외제차를 바라는 것도, 해외여행을 바라는 것도 모두 즐거움을 맛보기 위해서이다. 그렇다면 당신이 상대에게 즐거움을 제공하라. 그런 자세를 유지한다면 언젠가 풍요로운 삶이 당신을 둘러싸게 될 것이다.

매스컴에 자주 등장하는 점술가는 제쳐두고, 일반적으로 점술이라는 비즈니스는 그렇게 큰돈을 버는 직업이 아니다. 하지만 내가 알고 있는 점술가 중에 매스컴에는 거의 등장하지 않는데도, 연봉 1억원이 넘는 사람이 있다. 나는 점술을 그다지 믿지 않는 편이지만, 다른 사람에게 기쁨을 주는 훌륭한 점술가는 부정하지 않는다.

풍수와 타롯점을 바탕으로 한 서양점술로 젊은 여성들로부터 압도적인 지지를 얻고 있는 A라는 여성이 그 점술가인데, 그녀가 이런 인기를 모으는 이유는 적중률도 높지만 그녀의 인품 때문이기도 하다. 즉, 그녀에게 점을 보면 내부분의 손님들이 안도감과 희망을 느낀다고 한다.

일반적으로 점술가라고 하면 사업운, 금전운, 결혼운 등을 판단하여 부정적인 결과가 나오면, 지금은 사업운이 좋지 않다거나 교제중인 연인과 궁합이 맞지 않으니까 결혼을 다시 생각해보아야 한다는 식으로 말하지만, A의 경우에는 달랐다. 만약 나쁜 결과가 나오더라도 손님에게 이런 식으로 충고해 준다.

"올해의 금전운은 좋은 편은 아니지만 길한 방위로 나간다면 재산 손실은 막을 수 있어요. 이번 달에는 서쪽, 다음 달에는 동남쪽, 그리고 현관 옆에 거울을 두면 예상하지 못한 곳에서 돈이 들어올 거예요."

"W사와는 지금 당장 계약이 되기는 어렵겠지만, 담당자와의 궁합이 매우 좋습니다. 일단 미래를 보고 거래를 유지하는 것이 좋을 것 같습니다. 내년 여름쯤에는 계약이 체결될 가능성이 높습니다."

여기에서 중요한 점은 손님들의 요구에 따라 이런 말을 하는 것이 아니라 A가 자발적으로 먼저 이야기해준다는 것이다. 보통의 점술가들은 손님의 질문에 대해 결과만 대답해주는 경우가 많지만 그녀의 경우에는 결과가 좋든 나쁘든, 이렇게 하면 최악의 상태에서 벗어날 수 있다, 저렇게 하면 운을 바꿀 수 있다는 식으로 손님에게 안도감과 희망을 제공해 준다. 따라서 손님의 입장에서 보면 설령 현재 운이 나쁘다 해도 그 운을 좋은 방향으로 이끌어가려면 어떻게 해야 하는가에 대한 대처방법을 알 수 있기 때문에 미리 대비할 수 있다.

실제로, A를 찾는 손님들의 대부분은 그녀를 점술가로서가 아니라 카운슬러로 생각한다고 한다. 그렇기 때문에 매스컴에 등장하지 않더라도 A의 집에는 수많은 손님들이 모이는 것인지도 모른다.

당신도 다른 사람에게 기쁨을 주는 사람들의 또다른 테크닉의 일환으로 A처럼 다른 사람에게 안도감과 희망을 줄 수 있도록 신경을 쓰는 것이 좋다. 그렇게 어려운 일은 아니다. 지금까지 설명한 노하우, 즉 단점을 장점으로 바라보고 낙천적인 발상을 가질 수 있도록 만드는 방법으로 상대에게 다음과 같은 말을 해주는 것도 좋다.

"감기에 걸려 누워있다고? 그건 자네가 일을 너무 열심히 하니까, 신이 좀 쉬라고 기회를 만들어주신 거야. 이번에 푹 쉬면서 건강을 회복하도록 해."

"부장이 자네에게 고집쟁이라고 꾸중했다면서? 그건 자네의 의지가 강하고 사고방식이 확고하다는 증거야. 자네는 그런 점이 좋아."

이런 식의 말을 들으면 누구나 기분이 좋아지지 않을까. 이러한 방법으로 사람을 대하게 되면 당연히 호감을 얻고 이 호감이 결국 성공할 수 있는 기회를 주고, 이에 따라 금전운이 향상되는 것이다.

지금까지 타인과의 관계에서 기본적으로 필요한 말투, 약속, 지식이나 정보의 제공, 도움, 배려에 대하여 이야기했지만 한 가지 빠뜨린 것이 있다. 그것은 타인의 기분에 대한 이해이다. 우리는 어떤 사람을 만나도 이 기분이라는 감정으로부터 자유로울 수가 없다. 또한 이것은 우리 일상과 사업에서 매우 중요한 구실을 하기도 한다. 자기가 타인의 기분 때문에 망친 사랑이나 계약이나 일이 세상에는 얼마나 많은가. 그러므로 사람과 사람을 타고 도는 행운과 부를 얻기 위해서는 이 기분에 대하여 이해를 하고 타인의 기분을 배려해야 한다.

기분이 좋을 때에도 경우에 따라서는 난처한 상황이 발생하기도 하지만, 어쨌든 사랑하는 사람이건 계약 당사자이건 그들의 기분이 안 좋을 때가 문제이다. 무엇보다도 이 침체된 기분을 파악한 뒤, 그들의 기분을 이해하고 존중해보라.

지금 우리가 만남으로 인해서 형성된 기분이 우리의 삶 전체를 바꿀 수 있다는 믿음을 가지고 상대방을 대해보라. 그러면 당신에게 좀 더 여유가 생기고, 균형을 유지하며 상대방을 도울 수 있게 된다.

상대방의 기분을 너무 심각하게 받아들이지 않으면서, 그리고 섣불리 충고하지 않으면서도 그들과 함께 하는 그 자리가 그다지 불편하지 않을 것이다. 그러면 최소한 자신이 상처를 입거나 침울해지는 것은 방지할 수 있다.

성공하는 사람들의 생각과 실행법칙

상대의 마음에 평안을 주어라. 당신의 애정을 마음껏 베풀어라. 상대의 마음에 깔려 있던 부정적인 감정이 눈 녹듯 사라질 것이다. 이런 기분을 줄 수 있다면 누구나 당신에게 기회를 마련해주고 싶어 할 것이다.

자신의 경제적 체질을 강화시킨다

자신의 운명은 자기 스스로 만들어 가는 법이다

"내가 가지고 있는 것을 필요로 하는 사람에게 파는 것은 장사가 아니다. 당신이 가지지 않은 물건을 필요로 하는 사람에게 파는 것이 진짜 장사이다."

이러한 정신을 가슴과 머리에 늘 지니고 있다면 당신의 경제적 체질의 반은 이룩된 셈이다. 즉, 어떠한 일이 있더라도 신념과 희망을 잃어서는 안 된다는 것이다.

나는 돈 문제로 상담을 해오는 사람들에게 다음과 같이 충고해 준다.

"부자가 되고 싶다면 경제적 체질을 강화하도록 체계적으로 노력하십시오."

즉 '나는 가난해서 돈이 없어'라는 생각을, '나는 돈이 있다. 내가 필요할 때에는 돈은 얼마든지 흘러 들어올 것이다'라는 긍정적인 의식으로 전환하면, 머피의 말처럼 정말로 풍요로운 인생을 누리게 된다는 뜻이다.

"당신의 인생은 당신이 생각하는 대로 전개되는 법이다. 금전운을 향상시킬 기회는 기다리는 것이 아니라 스스로 붙잡아야 한다."

감나무 밑에서 감이 떨어지기를 기다리는 자세로는 아무리 많은 시간이 지나도 상황이 호전되지 않는다. 직접 앞장서서 상황을 바꾸려고 노력하는 것이 중요하다.

생각해 보자. 만약 당신이 점술가로부터 올해의 금전운이 매우 좋다는 말을 들었다 해도 그 말을 믿지 않고, '돈이 없는데 별 수 있어?'라고 입버릇처럼 말하면서 아무런 변화도 일궈내지 못하면 상황은 당연히 호전될 리 없다.

그렇다고 해서 무조건 일을 벌이라는 뜻은 아니다. 남들이 인터넷 주식거래로 돈을 버니까 나도 한번 해보겠다는 식의 안일한 생각으로 무모하게 일을 벌였다가는 오히려 재산을 잃을 우려가 있다.

따라서 지금까지 설명한 머피의 법칙을 명심하면서 경제적 체질을 강화할 수 있도록 노력하며, 금전운을 향상시킬 수 있는 기회를 붙잡는 안목을 양성하는 태도가 중요하다. 무엇보다도 경제적 체질강화를 위하여 노력하면서 금전운을 향상시키는 기회를 확실하게 일궈내야 한다.

성공하는 사람들의 생각과 실행법칙

사람은 대개 자기의 운명을 스스로 만들어가고 있다. 운명이란 외부에서 오는 것 같지만, 알고 보면 자기 자신의 약한 마음, 게으른 마음, 성급한 버릇 등이 결국 운명을 만든다. 어진 마음, 부지런한 습관, 남을 도와주는 마음, 이런 것들이야말로 좋은 운명을 여는 열쇠라고 할 수 있다. 운명은 용기 있는 사람 앞에서는 약하고, 비겁한 사람 앞에서는 강하다.

분수에 맞는,
그러나 부자처럼 행동한다

부자는 빈자처럼 행동하고 사장은 평사원처럼 행동한다

　돈이 없어도 마치 있는 것처럼 생각하라. 작은 아파트에서의 생활이 조금 쪼들린다고 하더라도 밖에 나가서는 부자처럼 생각하고 평사원이라도 간부처럼, 사장처럼 생각하라. 부자 친구가 초대하면 가는 것이 좋고, 가난한 친구는 초대하지 않더라도 이따금 찾아가라.

　경제적 체질을 강화하려면 당신의 마음속에 부유한 의식이 깃들어 있어야 한다. 그 일환으로 이렇듯 부자처럼 행동하기를 권한다.

　머피의 말처럼 부자가 된 기분을 맛보다 보면 점차 부유한 감정이 일어나게 되고, 그것이 잠재의식에 입력되어 현실 세계에서도 같은 현상이 일어나게 된다.

그렇다면 구체적으로 어떻게 해야 할까?

1) 고급 음식점에서 식사를 한다. 평소에는 검소한 생활을 하더라도 석 달에 한 번 정도는 고급레스토랑에서 값비싼 요리를 맛보는 것이 어떨까. 이런 여유가 없다면 호텔의 점심이나 바이킹요리를 추천하고 싶다. 1인당 2~3만원 정도면 맛있는 요리를 마음껏 먹을 수 있다. 그리고 어떤 경우에도 부유한 기분에 젖어 식사를 하는 것이 중요하다.

2) 브랜드상품을 이용한다. 한두 개라도 상관없다. 브랜드상품을 쓰면 혹시나 망가질까 봐 걱정되어 아끼려 하지 말고 가끔은 그 옷을 걸치고 거리를 활보해보는 것이 좋다. 그 여유를 즐겨보라.

3) 화려한 여행을 체험해본다. 1년에 한 번, 그게 어렵다면 2~3년에 한 번이라도 이런 여행을 체험해본다. 비행기를 이용한다면 3등석이 아니라 1등석이나 2등석을 이용하고 일류호텔을 이용해본다.

4) 고급주택가를 산책한다. 지금까지 설명한 방법은 모두 돈이 들어가지만 이 방법은 그렇지 않다. 고급주택가를 산책하다 보면 언

젠가 이런 저택에서 살아야겠다는 의욕이 끓어오를 것이다. 이 의욕과 여유를 느껴보라.

5) 부잣집을 방문한다. 친구나 아는 사람 중에 부자가 있다면 그 사람들의 집을 방문해보는 것도 좋은 방법이다. 그런 사람이 없다면 신축 분양 중인 고급 모델하우스에 가보는 것도 좋은 방법이다. 고급주택가를 산책하는 것이 외부적 감상이라면 모델하우스는 내부적 감상이 되기 때문에 장래에 호화로운 저택에 살고 싶다는 꿈을 가진 사람의 입장에서는 이미지트레이닝에도 도움이 된다.

6) 고급호텔에서 시간을 보낸다. 고급호텔에 투숙할 여유는 없어도 라운지나 로비라면 누구나 쉽게 이용할 수 있다. 틈나는 대로 그런 장소를 찾아가 약 5분 정도 '나는 부자다. 이 호텔의 단골이다'라는 말을 마음속으로 중얼거리며 부유한 감정을 느껴 본다.

7) 고급화장실을 구경한다. 브랜드상품에 흥미가 있는 사람은 윈도우쇼핑을 겸하여 백화점이나 호텔 안에 있는 고급의상실을 구경해보는 것도 좋은 방법이다. 그리고 마음속으로 '나는 언제든지 이런 브랜드상품을 살 수 있어'라고 되뇌어보는 방법도 필요하다.

이상의 방법 중에서 가능한 것을 선택하여 실천하면 어느새 부자가 된 기분을 느낄 수 있고, 결국에는 부자가 되고 싶다는 꿈이 현실로 실현된 듯한 느낌을 체험할 수 있다.

그렇다면 성공이다. 당신의 마음속에 부유한 의식이 형성되었다는 증거이기 때문이다.

성공하는 사람들의 생각과 실행법칙

이상적인 자신의 모습을 이미지화하고 거기에 근거한 행동을 되풀이하면 정말로 그렇게 될 것이라는 강한 믿음이 생겨난다. 이 믿음이 모든 꿈을 이루게 해주고 운명을 호전시키는 거대한 에너지가 된다.

기회는 새와 같은 것,
날아가기 전에 꼭 잡는다

항상 미래를 내다본다

미래를 생각하지 않는다면 아무것도 가질 수 없다. 미래는 늘 현재의 사고의 결과이다. 과거도 미래도 현재의 사고에 달려있다. 지금 이 순간 당신을 변화시켜야 한다. 미래는 운명의 손이 아니라 내 손에 달려있다는 것을 명심하고 그것이 진리임을 확신하라. 그러므로 미래는 현재에 달려있다.

자, 부유한 의식을 형성하는 방법으로 경제적 체질을 강화할 수 있도록 노력하는 한편, 이번에는 금전운을 향상시킬 기회를 자신의 손으로 직접 붙잡아야 한다. 그렇게 하려면 미래를 내다보는 눈을 길러야 할 필요가 있다. 세상의 흐름이나 사회의 욕구를 파악하여 그것을 자기의 천직이나 사명과 일치시키는 것이다.

실제로 한 세대에 거부를 구축하는 데에 성공한 사람들은 모두 이 선경지명을 갖추고 있었다.

마쓰시다가 그 전형적인 인물이라고 할 수 있다. 마쓰시다는 아버지가 사업에 실패하는 바람에 어린시절부터 오사카의 대장간에서 일을 하면서 사회생활을 시작했다. 그리고 오사카에 전차가 달리기 시작하자, 그것을 보고 앞으로는 전기의 시대가 올 것이라고 직감하고, 대장간을 뛰쳐나와 전등회사로 옮겼다. 그것이 마쓰시다전기를 설립하게 된 첫걸음이었다. 그 시대에 전차가 달리는 모습을 본 사람들은 많이 있었지만 마쓰시다처럼 미래를 예측하고 그에 걸맞게 대비를 한 사람은 드물다.

최근의 예를 들면, 인재파견회사 '퍼스너'의 창립자인 미나베 야스유키도 선견지명을 갖춘 사람이다. 그가 '퍼스너'를 창립한 계기는 대학 4학년 때의 힘든 취직활동 덕분이었다. 당시 그는 이곳저곳의 기업에 면접을 보러 다녔는데 가는 곳마다 인사담당자들이 이렇게 말했다.

"바빠서 일손이 필요하기는 하지만, 앞일을 예측할 수 없기 때문에 사원을 채용할 수 없습니다."

그 말을 들은 미나베는 생각했다.

"사람을 채용하고 싶어도 채용할 수 없다? 그렇다면 기업이 필요할 때만 필요한 인재를 파견하는 인력시스템을 만든다면 사업이 되겠다!"

　이렇게 판단한 그는 작은 아파트 하나를 빌려 혼자서 인재파견 사업을 시작했다. 그의 판단이 시대적 욕구에 멋지게 적중하여 회사는 눈 깜짝할 사이에 급성장할 수 있었다.

　마쓰시다나 미나베의 경우 선천적으로 경영자로서의 자질을 갖추고 태어났는지도 모른다. 그러나 이 책을 읽은 여러분도 그 들과 마찬가지로 발전과 비약을 이룰 가능성은 충분히 있다. 지금부터라도 결코 늦지 않았다. 직종이나 업종과 맞추어가면서 앞으로 가능성이 있는 사업, 가능성이 있는 분야에 투자한다면 틀림없이 성공의 계기를 만들 수 있다. 아니, 틀림없이 거부를 이룰 수 있다.

성공하는 사람들의 생각과 실행법칙

선견지명은 인생에서 매우 귀중한 복음이다. 선견지명이 당신에게 부를 가져다준다고 믿어라. 메모하는 습관을 가져라. 오늘 그리고 내일 할 일을, 자그마한 실마리가 될 만한 것은 모조리 적어두었다가 틈날 때마다 들여다 보라. 큰 일도 작은 일도 그 메모에서 해결책을 찾게 될 것이다.

다른 사람과 다른 사고와 행동을 한다

다른 사람이 모르는 길을 뚫어라

예기치 않은 곳에서 가치를 만들어내는 프로의 길을 가라. 프로는 자기 일에 일생을 걸며, 자기 일에 자부심을 가지며, 선견지명을 갖고 일하며, 실수를 최소로 줄이며, 목표를 중심으로 일하며, 목표를 향하여 전력투구하며, 결과에 책임지며, 보수나 수입이 성과에 따라서 주어지며, 자기 스스로와 싸우며, 능력 향상을 위해 항상 노력한다.

금전운을 향상시키는 기회를 자신의 손으로 붙잡으려면 선견지명을 갖추어야 할 필요가 있다고 설명했는데, 이때 한 가지 주의해야 할 점이 있다.

"다른 사람이 이러이러한 일을 해서 큰돈을 벌었으니까 나도 한

번 해보아야겠다."

이런 생각으로는 절대 사업에 손을 대지 말아야 한다.

"앞으로는 환경이 중요한 시대가 될 거야. 따라서 환경과 관련된 일을 하면 돈을 벌 수도 있을 것이다."

"인터넷사업에 뛰어들어 홈페이지를 만들면 돈이 될 것이다."

이처럼 단편적인 생각을 하는 사람이 있는데, 이 또한 그릇된 계산이다. 물론 잘 될 가능성도 있지만 확률은 절반 이하다. 설령 당신이 시대적 욕구에 일치하는 일을 시작했다고 해도 선구자는 그 앞을 달리고 있을 가능성이 많기 때문이다. 따라서 상당히 획기적인 상품을 개발하거나 참신한 아이디어가 아닌 한, 뒤따라가기만 하다가 주저앉을 우려가 높다.

그렇다면 어떻게 해야 좋을까? 시류를 타면서도 다른 사람이 하지 않는 일을 해야 한다. 다른 사람이 하지 않는 일, 또는 다른 사람이 깨닫지 못하는 일, 즉 허점이나 틈새를 찾아내는 것이다.

예를 들면, 앞장에서 할인점 돈키호테의 이야기를 했는데, 돈키호테가 단기간에 비약적인 발전을 할 수 있었던 이유는 다른 할인점과는 다른 일을 했기 때문이다. 그중의 하나가 영업시간이다. 돈키호테는 실질적으로 24시간의 영업 체제를 갖추고 있기 때문에 수많은 사람들이 찾는 것이다.

여행업계의 이단아로 불리는 사와다 히데오가 이끄는 HIS도 예외는 아니다. 작은 건물의 방 하나로 출발하여 지금은 주식시장에 상장할 수 있었던 가장 큰 비결은 역시 다른 여행사가 하지 않는 일, 즉 할인항공권에 착안했기 때문이다. 그는 도매업자가 처리하지 못한 항공권을 아주 싼 가격으로 대량 구매하여 고객에게 제공하였다. 또한 할인항공권뿐 아니라 고객에게 수많은 정보를 제공하거나 때로는 고민을 듣고 정확한 충고를 하는 컨설턴트업무도 도입했다. 처음에는 서비스의 일환으로 시작해서 큰 기대를 하지 않았다. 그러나 같은 업종에 종사하는 다른 회사와 차별화되면서 폭발적인 반향을 불러일으켰다.

이런 예를 통해서도 알 수 있듯 단순히 앞을 내다보는 눈을 기른다고 되는 것이 아니다. 선견지명과 더불어 다른 사람이 하지 않는 일, 깨닫지 못하는 일, 간과하는 일들을 생각해내는 것이 중요하다.

성공하는 사람들의 생각과 실행법칙

다른 사람이 생각하지 않는 것을 생각하라. 다른 사람이 무시하는 것을 직시하라. 거기에서 얻은 힌트와 아이디어를 자신의 생활 속에 도입하라. 그것이 인류의 행복과 평화에 공헌하는 것이라면 당신은 틀림없이 풍요로운 삶을 누릴 수 있다.

믿음직한 파트너와
협력을 한다

나보다 나을 것이 없는 벗이거든 차라리 혼자 나아가라

중요한 일에 착수할 때에는 이성적이고 냉정을 잃지 않는 사람과 손을 맞잡도록 해야 한다. 절대로 어리석은 사람과는 파트너가 되지 말라.

일에서 성공을 거두고 금전운을 크게 향상시키기 위해서는 좋은 파트너를 만나서 그 사람의 협력을 얻는 것도 한 가지 방법이라고 할 수 있다.

한 사람만의 힘으로는 불가능할 것 같은 일도 파트너의 협력을 얻음으로써 지혜가 결집되고 행동능력도 배로 증가하여 난관을 극복할 수 있다. 또 자신이 없는 분야에서도 파트너가 그쪽 방면을 보완해줄 수도 있다. 내 주변에도 부부가 서로 협력하거나 베스트 파트너와 손을 잡고 나름대로의 수입을 올리는 사람들이 다수 있다.

히야시와 게이코 부부가 대표적인 사람이다. 부인인 게이코는 결혼 전에 작은 디자인사무실에서 그래픽디자인 일을 하다가 30세 때에 독립했다. 프리랜서가 된 것까지는 좋았지만 일이 거의 없어 사업이 위태로웠다. 이런 중에, 아는 사람의 소개로 광고대리점 영업사원을 소개받았다.

"앞으로는 컴퓨터 시대입니다. 디자인도 컴퓨터로 처리하는 시대가 될 것입니다."

그 남자에게서 이런 말을 들은 그녀는 맞는 말이라고 판단하여 당시에는 아직 보급률이 매우 낮았던 매킨토시를 독학으로 마스터했다. 그러자 그 남자는 그녀에게 일을 알선해주었고, 어느 날 문득 정신을 차리고 보니 어느새 두 사람 사이에는 사랑이 싹트고 있었다. 그 남자가 바로 현재의 남편인 하야시이다. 두 사람이 결혼을 하고 몇 년이 지난 어느 날, 부부는 이런 대화를 나누었다.

"사실은 나도 이제 회사를 그만두고, 지금까지 형성된 인맥을 살려서 광고대리점을 직접 운영해보고 싶은데, 당신 생각은 어때?"

"나도 당신 덕분에 누구보다 빨리 컴퓨터를 다룰 수 있게 되었잖아. 당신이 영업 맡고 내가 디자인 맡으면 인건비가 훨씬 줄어드니까, 더 좋잖아?"

"그래. 나도 그런 생각이었다고."

그는 회사를 퇴직하여 한 발 앞서 프리랜서로 일하고 있던 아내와 합류하여 광고대리점을 운영하게 되었는데, 독립을 한 지 5년이 지난 지금에는 두 사람의 연봉이 각각 5천만원이 넘는다고 한다.

그는 아내의 협력에 의해 얻을 수 있는 이점에 대해 다음과 같은 이야기를 들려주었다.

1) SOHO(small office home office) 스타일로 자택과 사무실을 겸비할 수 있기 때문에 집세나 그 밖의 부대비용을 절약할 수 있다.

2) 서로 지금까지의 경력을 살려 남편이 기획영업, 진행관리, 카피 작성을 담당하고, 아내가 디자인과 경리업무를 담당하기 때문에 불필요한 인건비를 줄일 수 있다.

3) 다툼도 있지만 서로를 잘 이해하고 있기 때문에 사소한 문제로 대립하는 경우는 드물다.

4) 문제가 발생하더라도 서로 최선을 다해 협력할 수 있기 때문에 필요 이상으로 낙담하지 않는다.

이 경우는 부부의 예이지만, 다른 경우에도 마찬가지이다. 소니가 한 세대에 그렇게 급성장을 이룰 수 있었던 것도 이부카 오키에게 모리타 데루오라는 훌륭한 파트너가 있었기 때문이다. 혼다도 마찬가지이다. 혼다 소이치로가 안심하고 기술개발에만 전념할 수 있었던 것은 후지사와 다케오라는 파트너가 있었기 때문이다.

자, 지금부터라도 결코 늦지 않다. 당신도 베스트 파트너를 찾아라.

성공하는 사람들의 생각과 실행법칙

만약 당신의 일을 진심으로 이해하는 파트너를 만났다면 당신은 세상에서 가장 행복한 사람이다. 두 사람의 마음이 조화를 이루어 하나로 결집하게 된다면 초월적인 에너지를 만들어낼 수 있을 것이기 때문이다.

선택을 두려워하지 말고
자신의 영감과 신성을 믿어라

자신과 하늘의 영감을 믿어라

돈은 육감 같은 것이다. 그것이 없으면 다른 오감을 완전히 가동시킬 수가 없다. 선택을 두려워하는 사람은 자신의 신성(神性)을 인정하기를 거부하는 것이다. 당신이 확신을 가지고 명령하는 것은 실현된다.

지금까지 설명한 내용을 명심하면서 자신의 일에 최선을 다한다면 자기도 모르는 사이에 금전운이 향상될 수 있는 기회를 만나게 될 것이다.

그런데 잠재의식은 대체 어떤 방법으로 우리에게 그런 기회를 제시해 줄까?

"어느 날, 예상하지 못한 곳에서 사업자금을 제공해주겠다는 사람이 나타났다."

"○○○ 씨의 소개로 신규거래처를 개척했다."

이런 식으로 여러 가지의 경우를 생각할 수 있지만, 그 계기가 되는 것은 어떤 예감이나 아이디어에 의해 만들어지는 경우가 많다.

"하늘은 예상 밖의 방법, 예상 밖의 형태로 당신에게 부를 제공해 준다. 항상 잠재의식이 발송하는 메시지를 소중하게 여겨라."

머피의 철학대로 당신의 꿈을 완전히 받아들인 잠재의식은 이를 실현시키려 하기 때문에, 여러 가지 신호를 보내어 목적에 어울리는 행동을 하도록 유도한다. 따라서 욕조에 몸을 담그고 있는 한가한 시간이나 좋아하는 음악을 듣고 있을 때 또는 친구들과 대화를 나누는 도중에 이런 생각이 든다면 즉시 행동으로 옮기도록 하라.

"문득, 학창시절의 친구 A를 만나고 싶다."

"다음 주 금요일에 타업종 교류회에 참가하고 싶다."

"국가자격을 취득하고 싶은 마음이 생겼다."

"공무원 시험에 응시하고 싶다."

"문학동호회에 들어가고 싶다."

여기에서 나와 관련된 사례를 짤막하게 소개해보자.

오래전 가을, 오랫동안 만난 적이 없는 E로부터 갑자기 전화가 걸려왔다.

"안녕하십니까? 볼일이 있어서 오랜만에 신주쿠에 왔는데, 갑자기 선생님이 보고 싶어졌습니다. 괜찮으시면 지금 뵐 수 있겠습니까?"

이렇게 해서 E는 내 사무실에 찾아왔다. 이런저런 잡담을 나누는 과정에서 나는 그가 창업을 주제로 한 책을 출판하고 싶다는 사실을 알았다. 그래서 내가 교류하고 있는 한 출판사를 소개해주었다.

그는 내가 가르쳐준 출판사 담당자를 만난 지 반년 후에 자신의 책을 냈다. 그 책의 판매실적이 예상 밖으로 좋아서 E의 생활도 훨씬 나아졌다.

그리고 최근 E는 이런 말을 들려주었다.

"설마 선생님에게서 그런 정보를 듣게 될 줄은 생각도 못 했습니다. 그때는 신주쿠에서 볼일을 마친 뒤에 단지 선생님을 한번 뵙고 싶어서 전화를 걸었을 뿐이었거든요. 그런데 선생님 덕분에 책을 출간하고 또 예상 밖으로 많은 인세를 받았습니다. 정말 감사합니다."

이 이야기를 통해서도 알 수 있듯이 예감이나 육감은 기회가 찾아왔다는 사실을 알려주는 잠재의식으로부터의 메시지라는 사실을 잊지 말아야 한다.

성공하는 사람들의 생각과 실행법칙

잠재의식에 명확한 목적이 입력되면 자신도 의식하지 못하는 사이에 잠재의식이 활동한다. 그리고 잠재의식의 대답은 뜻밖의 형태로 나타난다. 우연이라고밖에는 생각할 수 없는 형태, 예를 들면 육감이나 예감 또는 우연히 듣게 된 대화가 당신이 직면해 있는 문제를 해결해주는 실마리가 되는 경우가 많다. 그러나 이것은 결코 우연이 아니다. 잠재의식이 당신에게 보내는 메시지이다.

잠재의식의 법칙을
믿고 자극한다

자신이 원하는 것을 확실하게 그려라
그리고 그것이 실현된다고 확신하라

희망이나 바람을 단순한 꿈으로 끝내지 않기 위해서는 신념의 힘이 중요하다.

제아무리 어려운 일일지라도, 제아무리 가망 없는 일일지라도, 제아무리 어두울지라도 실현 가능하다는 것을 마음속에 확실히 새겨라.

앞에서 금전운을 향상시킬 수 있는 기회는 육감으로 찾아온다고 했지만, 자기는 둔감해서 육감이나 예감과는 인연이 없다고 말하는 사람들도 더러 있다.

이런 사람들은 스스로의 힘으로 기회를 붙잡을 수 있도록 하기 위해 자신의 일상생활에 나름대로의 변화를 주는 것이 바람직하다.

에피소드 하나를 소개해보자. 지금부터 20여 년 전에 시내에서 작은 커피숍을 운영하는 사람이 유럽여행을 간 적이 있었다. 그 남자는 파리의 평범한 바에 들렀는데 그곳에서 문득 새로운 아이디어가 떠올랐다.

"이곳 사람들은 자리에 앉아서 마시지 않고 선 채로 가볍게 술을 즐긴다. 이 스타일을 우리 가게에도 도입해볼까? 그래, 손님들이 선 채로 커피를 마시는 새로운 방식을 도입해보는 것도 좋을 거야."

그리고 귀국한 이후, 편안함을 내세운 새로운 방식의 커피숍을 선보였다. 이 가게가 인기를 끌어 체인점까지 두게 되었는데, 이 체인점이 바로 그 유명한 '도토루 커피'이다.

이와 같이 잠재의식으로부터의 신호를 기다리며 분투하면서 잠재의식에 자극을 주는 것이 매우 중요하다.

하늘이 궤도를 수정하는 경우도 있다. 그렇다면 어려움에 처했을 때 어떻게 하면 구제받을 수 있을까?

첫째는, 선한 희망을 잃지 않아야 한다. 둘째는, 노력을 멈추지 않아야 한다. 항상 밝고 선한 희망을 잃지 않고 노력을 계속한다면 최후에는 반드시 하늘이 구제한다. 그러한 확신과 믿음이 필요하다.

상황에 따라서는 잠재의식이 당사자의 의사와는 반대로 인생을 이끄는 경우가 있다. 지금까지 한 가지 일에 열중해왔는데도 불구하고 마음이 바뀌어서 다른 일에 관심이 쏠렸다면, 그리고 그 새로운 일에서 삶의 보람을 느낀다면 방향 전환을 시도해보는 것도 나쁘지 않다.

성공하는 사람들의 생각과 실행법칙

신선한 충격이나 새로운 감동, 새로운 발견 속에 금맥(金脈)이 깃들어 있다. 또한 상황을 제대로 판단할 수 없을 때에는 잠재의식에 문제 해결을 맡겨라. 당신이 생각하는 인생의 계획보다 훨씬 더 멋진 계획을 세워줄 것이다. 잠재의식이 '신'이라고 불리는 이유가 거기에 있다.

이제, 부와 성공이
내 것임을 믿어 의심치 않는다!

물방울이 바위에 구멍을 내는 것은,
승리의 여신은 노력을 사랑하기 때문이다

노력 없는 인생은 수치, 그 자체이다. 어제의 불가능이 오늘의 가능성이 되며, 전세기의 공상이 오늘의 현실로서 우리들의 눈앞에 출현하고 있다.

실로 무서운 것은 인간의 노력이다. 명예는 정직한 노력에 있음을 명심하자. 그리고 믿어라. 그러면 당신의 믿음이 적절한 시기에 믿는 바를 객관적인 현실로 창조해낼 것이다.

마지막으로 한 가지, 우리가 인식해야 할 점이 있다. 그것은 지금까지 이 책에서 설명해온 금전운을 향상시키는 비결을 명심하고 끝까지 믿고 그 기대를 저버리지 말아야 한다는 것이다. 즉, 일이 어떻게 풀리든 반드시 금전운이 좋아질 것이라고, 필요할 때에는 틀림없이 돈이 들어올 것이라고, 앞으로는 분명히 풍요로운 삶을 누리게 될 것이라고 믿어라.

'부의 증대는 법칙에 따라 발생한다'는 머피의 말처럼, 긍정적인 언행을 한다면, 그가 주장하는 인생의 황금률 즉, '당신의 인생은 당신이 생각한 대로 전개된다'라는 법칙을 따라 당신의 꿈이 실현되기 때문이다. 즉, 당신이 어떤 꿈을 이루기 위해 돈이 필요한 경우, 그 돈은 틀림없이 들어온다고 믿어라.

끝으로, F라는 샐러리맨의 이야기를 소개하기로 하자.

F에게는 부인과 다섯 살 난 아들이 있는데, 시내의 임대주택에서 셋이서 살아간다. F부부의 고민은 최근에 아들이 천식 발작으로 고통스러워하는 것이다.

"아들의 건강을 위해서는 공기가 좋은 교외에서 생활하는 것이 바람직하지만, 이사를 하려면 돈이 필요하다. 그러나 앞으로 교육비 등의 지출이 늘어날 테니까, 아무래도 이곳에서 좀 더 살면서 돈을 모아야 한다."

그렇게 생각했지만 밤이 되면 천식발작 때문에 고통스러워하는 아들의 모습을 차마 지켜볼 수 없었다. 그러던 어느 날, F는 조셉 머피의 책을 읽고 큰 감명을 받았다.

"간절히 바라고 절실히 생각하면 반드시 실현된다. 당신의 운명, 당신의 인생은 당신의 생각과 행동에 의해 만들어진다. 좋은 일을 생각하면 좋은 일이 일어난다. 성공한다고 믿으면 언젠가 이루어진다는 신념을 갖고 나아가라. 잠재의식의 힘을 활용하면 인생의 어떤 장애물도 극복할 수 있다."

그는 이 말에서 희망을 발견했다. 올바른 마음가짐을 유지하면서 간절히 원하면 꿈은 반드시 이루어질 것이라고 확신한 그는 매일 다음과 같은 광경을 이미지화했다.

1) 환경이 좋은 전원주택으로 이사를 간다. 아들의 천식이 좋아져서 곤하게 잠을 자고 있다.
2) 공원에서 아들과 함께 공놀이를 하고 있다.
3) 아내와 아들과 함께 정원에서 식사를 하고 있다.

F는 이 광경을 하루에도 몇 번이고 되풀이하며 이미지트레이닝을 했고, 그 결과 그 모든 장면이 마치 현실인 것처럼 느끼게 되었다. 그러자 정말로 기적이 일어났다. 그가 근무하는 작은 벤처회사가 급성장하여 그의 급료와 보너스가 생각할 수 없을 만큼 크게 올랐다. 더구나 그는 급등한 자사주 일부를 처분하여 교외에 전원주택을 구입하였다. F가 이미지트레이닝을 시작한 지 1년만의 일이었다.

이와 같이 하늘(잠재의식)은 우리가 생각하지 못하는 예상 밖의 방법으로 부를 공급해준다. 뜻밖의 방법으로 기회를 제공해 주는 것이다. 하늘은 스스로 돕는 자를 돕는 법이다.

현재는 비록 어렵고 쪼들린 생활을 하고 있다하더라도 어디에나 밝은 희망은 있는 것이다. 머피의 법칙을 실천하고 기대하며 믿음을 버리지 않는다면 반드시 기적 같은 대역전의 드라마가 펼쳐진다.

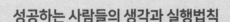

성공하는 사람들의 생각과 실행법칙

간절한 소망을 마음에 선언하라. 그리고 반드시 소망이 이루어질 것이라고 믿어라. 틀림없이 소망이 실현된다. 부는 당신의 마음속에 존재한다. 당신의 마음가짐이 부와 가난을 결정짓는다. 가난을 생각하면 궁핍해지고 부를 생각하면 부유해진다. 불운을 부르면 불운해지고, 행운을 바라면 행운이 따른다. 어느 쪽을 선택하든 그 선택은 당신 자신에게 달려있다.

"성공하거나 양보하라. 그러나 변명하지 말라."

마치면서

나를 만든 것도, 나를 바꾸는 것도
나 자신이다

선한 부자들에겐 그들만의 나침반이 있다. 어둠과 절망의 골짜기를 가거나 굴욕과 아첨의 시장을 지나가거나, 가야 할 길을 알려주던 마음의 나침반이 있었다. 그 바늘을 기준으로 자기가 가야 할 곳의 길을 잃지 않았던 것이다. 북쪽이 부라면 남쪽을 가난으로 정하고, 서쪽이 선이라면 동쪽을 악이라고 정하고, 그들의 믿음대로 제 갈 길을 정해 갔던 것이다.

누구에게나 그 나침반은 있다. 다만 그 사용법을 모를 뿐.

바로 이 선한 부자들이 그들의 나침반을 어떻게 사용했는가를 이 책을 통해 알려주고자 했다. 따라서 이 책을 다 읽고 난 당신은 이전과 아주 달라져 있는 자신을 발견할 수 있을 것이라 믿는다.

머피의 다음 말로 이 책의 끝맺음을 대신하고자 한다.

"부와 성공을 이룬 사람들의 가장 큰 공통점이 무엇인지 아는가? 놀랍게도 이들은 모두 실패와 역경을 헤치고 지금의 행운과 성공을 누렸다는 것이다. 아마도 부자들이 감추고 싶어 하는 마지막 부와 성공의 나침반은 바로 실패와 역경을 헤치고 나올 수 있도록 도와준 그들의 긍정적인 마음가짐이었을 것이다. 인생 도처에 산재한 실패란, 자신이 받아들이기에 따라서 그 장막이 걷히며 도약의 발판이 되는 것이다. 행운과 불행이 교차하는 운명의 파도에 어떻게 휩쓸렸건, 패배란 보는 관점(마음가짐)에 의해 그 의미를 드러낼 뿐이다. 긍정적인 마음가짐으로 일관하는 사람은 결코 패배를 인정하지 않는다. 반대로, 부정적인 마음가짐의 소유자는 암울한 미래만이 기다릴 뿐이다."

또한, 이 모든 것을 얻고 건강을 잃으면 아무 소용이 없지만, 이 모든 것을 잃고 건강하면 다시 일어설 수 있는 것이 우리들의 인생이다. 자신이 건강하지 않고서는 부와 성공의 나침반이 가리키는 행복의 길로 나아가지 못한다는 것을 명심하라.

당신을 만든 것은 당신 자신이다. 그러므로 당신을 바꾸는 것도 당신 자신이어야 한다.

생각을 바꾸면 또 다른 세상이 보인다!

간절히 원하면 이루어진다

1판 1쇄 발행 2005년 5월 20일
1판 13쇄 발행 2010년 9월 17일
2판 1쇄 발행 2011년 4월 25일
2판 32쇄 발행 2019년 7월 15일
3판 1쇄 발행 2019년 11월 18일
3판 3쇄 발행 2021년 5월 15일
4판 1쇄 발행 2022년 12월10일 (개정판)

지은이 우에니시 아키라
옮긴이 이정환
펴낸이 이태선
펴낸곳 창작시대사

주소 경기도 고양시 일산동구 장백로 20 동문굿모닝힐 102동 905호 (백석동)
전화 031-978-5355 **팩스** 031-973-5385
이메일 changzak@naver.com
등록번호 제2-1150호(1991년 4월 9일)

ISBN 978-89-7447-268-9 03190